CW01654332

le rouquin de lartigue

Une production de l'Atelier du Père Castor

© 1982 Castor Poche Flammarion
pour le texte et l'illustration.

MICHEL-AIMÉ BAUDOUY

le rouquin de lartigue

Emmanuelle BOUCHER

illustrations de
VINCENT RIO

castor poche flammarion

Michel-Aimé Baudouy, l'auteur :

« Après une carrière de professeur qui m'a conduit successivement à Tourcoing, à Nantes et à Paris, je vis actuellement dans une vieille grande maison qui depuis des siècles est celle de ma famille, dans un petit village situé aux pieds des Pyrénées ariégeoises. Tout au long de ma vie, j'ai été en contact avec des jeunes et, à présent que je suis professeur honoraire, ce contact continue à l'occasion des très nombreuses rencontres auteurs-lecteurs organisées dans des écoles et des C.E.S., dans des bibliothèques ou des maisons de jeunes, etc., et grâce à un échange de correspondance avec des classes ou avec des lecteurs isolés qui, le plus souvent (je ne sais pourquoi), sont de jeunes américains.

« J'ai écrit des romans et des pièces de théâtre destinés aux adultes. *Pitié pour les héros*, jouée à la Comédie de Paris par Silvia Monfort, Jean Davy, Laurent Terzieff, m'a valu le Prix de la Société des auteurs dramatiques en 1958.

« Mais la partie la plus importante de mon œuvre littéraire est destinée aux enfants. Je considère que la littérature destinée aux enfants est loin d'être un genre mineur, comme certains semblent le croire.

« On n'a pas le droit, sous prétexte que les lecteurs sont des enfants, d'écrire n'importe quelle aventure plus ou moins vraisemblable, sans aucun souci de vérité psychologique, dans un style négligé ou, ce qui est pire, sur un ton niais. Bien au contraire, c'est justement parce que les lecteurs sont des enfants que l'auteur doit faire preuve d'une plus grande honnêteté dans la documentation, de conscience dans la conception et la rédaction de ses ouvrages.

« *Le Rouquin de Lartigue* est mon trentième ouvrage pour les jeunes. Le sujet de ce livre m'a été inspiré par le conflit qui, au siècle dernier, opposa les habitants des montagnes d'Ariège à l'administration des forêts. " Toute la montagne ariégeoise prit feu lorsque le code forestier de 1827 prétendit interdire l'accès du petit bétail dans la forêt ", écrit le professeur Michel Chevalier dans une thèse magistrale : *La Vie humaine dans les Pyrénées ariégeoises.* " Les atteintes portées à l'usage des pacages ont de tout temps provoqué désordres, procès et soulèvements ", écrit de son côté François Baby dans *La Guerre des demoiselles en Ariège.* C'est au cours de la période 1829-1872 que ces contestations ont débouché en Ariège sur une insurrection armée, dont l'unité et le signe distinctif provenaient du déguisement des montagnards qui s'étaient travestis en femmes pour échapper aux poursuites des gardes forestiers, des gendarmes et de la troupe.

« A la documentation fournie principalement par ces deux ouvrages j'ai pu ajouter la connaissance directe des différents paysages dans lesquels se situe l'action, et le contact personnel avec les montagnards ariégeois, descendants des héros de la " guerre des demoiselles " qui gardent le caractère entier et fier de leurs rudes ancêtres. »

Vincent Rio, l'illustrateur, a vingt-trois ans. A sa sortie de l'école de dessin, il réalise des pochettes de disques, illustre des rubriques musicales et gagne un concours d'affiches de cinéma. Depuis quelque temps déjà, il travaille dans une agence de publicité.

Le Rouquin de Lartigue est le sixième Castor Poche qu'il illustre. Il s'est appuyé sur des documents de l'époque pour recréer l'ambiance.

Durant ses loisirs, Vincent pratique le judo (ceinture marron) et la guitare (musique classique). Il s'amuse également à composer des chansons...

Le Rouquin de Lartigue :

Vers 1830, Pierrou, un jeune berger de douze ans se trouve mêlé aux événements qui opposent les habitants de la montagne ariégeoise à l'administration des forêts.

Les montagnards connaissent plus d'un tour pour échapper aux poursuites des gardes forestiers, des gendarmes et de la troupe qui leur interdisent de ramasser du bois et de faire paître leur petit bétail dans la forêt...

Pierrou et les siens arriveront-ils à récupérer les troupeaux bloqués par les dragons ?

vers Labastide
Les Charbonniers
Le village
Le pas
de la mule
Chute du garde

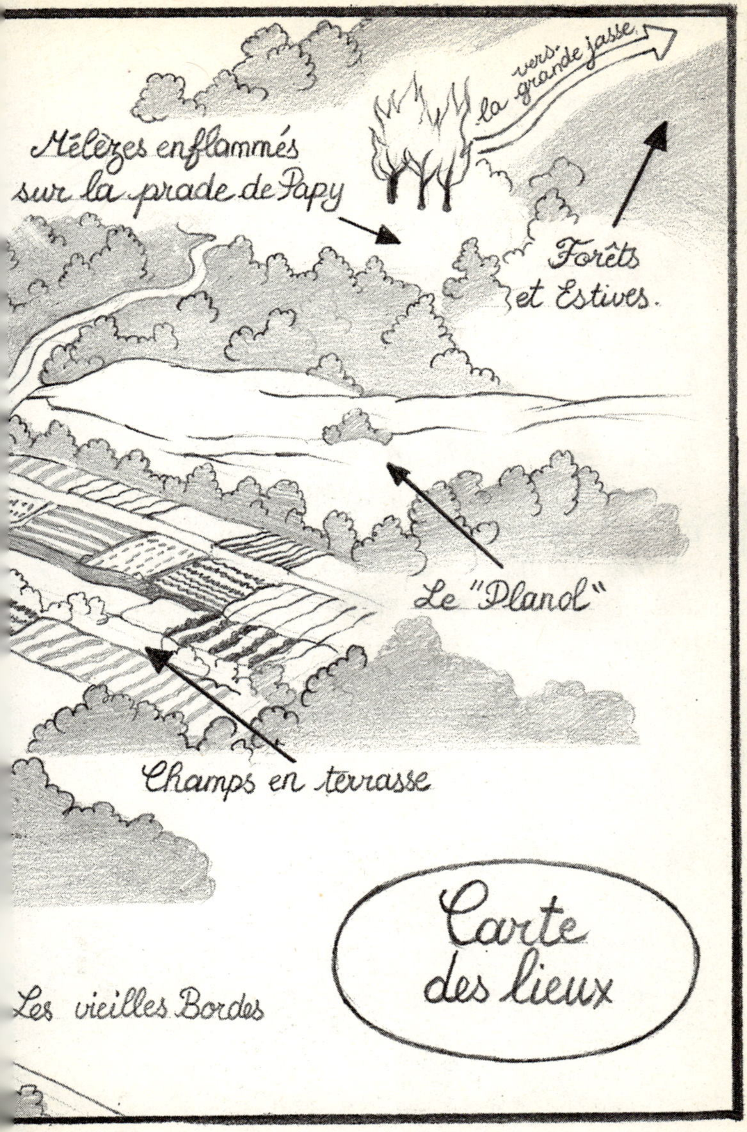
vers la grande jasse
Mélèzes enflammés sur la prade de Papy
Forêts et Estives.
Le "Planol"
Champs en terrasse
Carte des lieux
Les vieilles Bordes

Les atteintes portées à l'usage des pacages ont de tout temps provoqué désordres, procès et soulèvements. C'est au cours de la période 1829-1872 que ces contestations ont débouché en Ariège sur une insurrection armée, dont l'unité et le signe distinctif provenaient du déguisement des montagnards qui s'étaient travestis en femmes pour échapper aux poursuites des gardes forestiers, des gendarmes et de la troupe.

François Baby
La Guerre des Demoiselles en Ariège

Chapitre 1

Ce jour-là, comme tous les autres jours, Pierrou gardait son troupeau sur le planol de la Soulane.

Pierrou était aussi appelé le rouquin de Lartigue. Il ne faut pas le confondre avec l'autre rouquin, son oncle, le roulier de l'auberge d'en bas. Celui-là avait pour prénom Victor et pour surnom Cadet, tout simplement parce qu'il était le frère cadet du père de Pierrou.

Malgré une bonne quinzaine d'années de différence d'âge, l'oncle et le neveu se ressemblaient, comme se ressemblent tous les rouquins, par la couleur des cheveux, bien sûr, mais aussi par un air de famille. Plutôt petits de taille, l'un et l'autre, carrés d'épaules et larges comme des bahuts, la tête ronde, les yeux clairs et le même semis de son sur les pommettes un peu fortes. De plus, oncle et neveu s'aimaient bien et s'accordaient à merveille. « Surtout pour jouer des tours aux gens », disaient certains. Passons! Il y a des mauvaises langues partout.

Pierrou était alors âgé de douze ans. Depuis la fin de l'hiver il en avait terminé avec l'école. Il y avait apporté sa dernière bûche le matin du mercredi des Cendres. Il s'en souvenait très bien. C'était le tronc d'un petit chêne noir, très lourd et plein de nœuds. Le régent[1] l'avait soupesé et avait fait mine de le brandir comme un gourdin.

– Voilà ce qu'il m'aurait fallu pour casser la tête aux cosaques!

Il faut dire que ce régent était un ancien soldat de Napoléon et qu'il avait fait la campagne de Russie. Une fois de plus il s'était mis à raconter le passage de la Berezina[2].

1. Maître d'école.

2. Célèbre épisode de la retraite de Russie, en novembre 1812, au cours des guerres napoléoniennes.

Donc Pierrou, depuis que l'herbe nouvelle avait commencé à pointer sous la neige, gardait sur le planol les bêtes – six brebis et trois vaches – qui, pour une raison ou pour une autre, n'avaient pu partir lorsque le berger de monsieur Loubat avait pris en charge les troupeaux du village pour les conduire là-haut, sur les estives[1].

Le planol est un ressaut rocailleux de la montagne. Comme son nom l'indique, c'est une sorte de petit plateau dominant en terrasse le quadrillage des champs exigus qui entourent le village. Au-dessus, c'est la forêt. Elle couvre tout le flanc de la montagne et s'élève d'un seul mouvement jusqu'aux estives qui sont des espaces d'herbe rase, de lumière et de vent, où l'arbre ne pousse plus.

Ce jour-là donc, Pierrou avait passé une grande partie de son temps à fouiller la lisière de la forêt. Il guettait l'apparition des premiers champignons. Mais c'était encore trop tôt pour les cèpes. Il n'avait découvert que quelques

1. Pâturages de haute montagne où les troupeaux passent l'été.

semis de minuscules points jaunes sur les tapis de mousse fraîche : la poussée des chanterelles. Elles seraient bonnes à cueillir dans quelques jours. Il s'était empressé de les recouvrir de feuilles mortes afin de les dissimuler aux yeux des autres chercheurs qui n'allaient pas tarder à affluer dans les bois.

Aux approches du soir, il était venu s'asseoir sur la murette de pierres sèches qui bordait les champs les plus hauts. Ce n'était pas encore l'heure du souper, mais, déjà, l'ombre montait du fond de la vallée.

Pierrou leva les yeux sur les hauteurs encore illuminées et c'est alors qu'il aperçut la fumée. Pas une des fumées du village, mais une autre, là-bas, sur l'autre versant, en face de lui et à peu près à sa hauteur.

Une fumée en pleine forêt, sur l'ubac[1], le versant à l'ombre, là où il n'y a ni villages ni cultures! Il ne pouvait être question d'un feu d'herbes comme en font les bergers vers la fin de l'été.

1. Versant à l'ombre, par opposition à l'adret, versant au soleil.

Les mains en visière sur le front, Pierrou affûte ses regards autant qu'il le peut. A présent, il serre ses doigts de manière à ne laisser filtrer qu'un minuscule rond de lumière. C'est son oncle Victor qui lui a appris à se servir de sa main comme d'une lorgnette. Mais il a beau promener le petit rond lumineux autour de l'endroit d'où s'élève la fumée, il ne voit rien que des arbres, des arbres, des arbres...

Le cœur de Pierrou se met à battre. Cette fumée, à cet endroit, ne peut provenir que de meules de charbonniers[1].

Des charbonniers! Sur le versant qui fait face au village! Et juste à sa hauteur! C'était une provocation!

Au village, on avait appris que de grandes batailles s'étaient livrées dans les vallées voisines, de Massat, de Saurat et de La Barguillère, justement à cause de ces charbonniers que les maîtres de forges[2] du bas pays faisaient travailler pour eux dans les forêts de l'Etat.

1. Les charbonniers qui fabriquent du charbon de bois.

2. Propriétaires de petites fabriques travaillant le fer, installées sur les cours d'eau.

De l'Etat! Mais qu'est-ce que c'était que l'Etat? Autrefois, c'était le roi! Eh bien, justement, c'était le roi en personne qui avait donné aux gens de la montagne l'usage de ces bois. Il y avait des siècles de cela! Alors que venait faire l'Etat à présent, avec ses codes et ses règlements? Les paysans ne voulaient pas entendre parler de l'Etat. Ces forêts leur appartenaient. Ils en avaient la garde et eux seuls avaient le droit de les utiliser pour leur usage.

Y installer des charbonniers sans leur consentement, cela signifiait qu'elles ne leur appartenaient plus.

Aussitôt les montagnards voyaient rouge : c'était la guerre! Des bandes se formaient de village en village, attaquaient les campements des charbonniers que les autorités faisaient défendre par les gardes et les gendarmes. Afin de ne pas être reconnus, les assaillants revêtaient divers déguisements, comme au temps du carnaval. Le plus souvent, ils passaient sur leurs habits d'amples chemises de lin qui ressemblaient à des robes. C'est la raison pour laquelle ces révoltés étaient surnommés les demoiselles. Les rencontres avec les demoiselles étaient rudes. Il y avait des blessés de part et d'autre, des hommes arrêtés, emprisonnés, punis de grosses amendes qui ruinaient les familles. Pierrou savait tout cela. Jusqu'ici cette vallée avait été épargnée. Et voilà que cette fumée annonçait des temps de malheur! Très inquiet, il rassembla ses bêtes et les poussa en toute hâte vers la maison.

Sa mère se tenait sur le seuil de l'étable, immobile, le visage levé vers les crêtes, là-haut, par-dessus le grand vide de la vallée. Pensive. Ce n'était pas sa manière d'être habituelle.

– Vous regardez cette fumée?

Marie de Lartigue tourna vivement la tête.

– Quelle fumée? Tu as vu une fumée, toi? Attache tes bêtes et occupe-toi de ce qui te regarde!

C'était sa façon brusque de parler. Pierrou ne souffla mot, mais, à la hargne que sa mère avait mise dans sa réplique, il comprit qu'elle aussi était inquiète. Il ne s'était donc pas trompé. Il s'agissait bien de feux de charbonniers. Et sa mère voulait le cacher, mais elle avait peur.

Au souper, silence! Les Lartigue n'étaient pas gens de beaucoup de paroles. Un mot de-ci de-là pour dire ce qui devait être dit sur le temps, les bêtes ou le travail.

Ils étaient trois. Quatre avec Pierrou qui baissait son nez sur sa bouillie de pommes de terre. Jousep, dit le vieux de Lartigue, le grand-père de Pierrou, était le chef de famille. Mais il cédait le pas à sa fille Marie, d'abord parce qu'elle était aussi autoritaire que lui, mais surtout parce qu'elle était la sœur de lait de moussu Loubat, le plus riche propriétaire de la vallée, gros marchand de bois et de bétail dont la protection avait fait des Lartigue une famille aisée et respectée, la première du village.

Toine, le père de Pierrou, était le fils aîné d'un modeste aubergiste de la vallée. Venu, un hiver, couper du bois pour le compte de Loubat le vieux, il avait fait la connaissance de Marie, qui l'avait épousé et gardé dans ce village perdu. Toine n'était donc pas un Lartigue, mais

1. En occitan, le « moussu », sans autre précision, désignait le propriétaire, le maître, le patron.

on l'appelait cependant Toine de Lartigue parce qu'il s'était attaché à sa nouvelle maison et s'était fait, sans peine, à la vie de là-haut.

Pierrou regardait tour à tour ces trois visages fermés. Il était sûr que chacun d'eux pensait aux événements que cette fumée annonçait et dont aucun d'eux ne voulait parler.

Lorsqu'il rejoignit son grand-père dans la chambre qu'il partageait avec lui, celui-ci faisait mine de contempler le ciel. Mais c'était la montagne qu'il observait.

– Vous voyez les feux? demanda Pierrou.

Le vieux de Lartigue ne répondit pas tout de suite. Mais lorsqu'il referma la croisée, il grommela entre ses dents :

– Comme s'il n'était pas assez riche!...

Pierrou comprit que ce chantier de charbonniers avait été installé par monsieur Loubat.

Son grand-père n'aimait pas beaucoup monsieur Loubat.

Il fit beau le lendemain et les jours suivants. La fumée était toujours là. Chacun pouvait la voir, tantôt gonflée et blanche comme un petit nuage au ras des hêtres et des châtaigniers, tantôt plus haut, étirée en un long fuseau bleu pâle sur le noir de la sapinière.

Les demoiselles aussi pouvaient la voir!

Le troisième jour était un dimanche. Ce jour-là personne ne travaillait dans les champs et chacun mettait les habits neufs pour aller à la messe et aux vêpres. A part cela, c'était un jour comme les autres.

Pour Pierrou le dimanche se terminait à la sortie des vêpres. Il retirait ses beaux habits et partait sur le planol avec ses bêtes.

Comme les jours précédents il occuperait son temps à observer la fumée et à imaginer des choses. Au village, les gens, à la manière des Lartigue, regardaient la fumée et ne disaient rien. Seuls les enfants parlaient, le soir, sur la placette de l'église. La lune, suspendue par un fil invisible, semblait se balancer entre les deux crêtes de la vallée, dont le fond était noyé de brume. Alors on s'amusait à se faire peur. Le jeu consistait à dire : « Et si ce n'étaient pas des charbonniers, qu'est-ce que cela pourrait être? » Des bergers d'Andorre, voleurs de pacages? Un campement de soldats en manœuvre? Ou, qui sait, des brigands espagnols, miquelets[1] ou traboucaires...[2]. Pierrou adorait les histoires de brigands.

Avant de s'installer sur le gros rocher qui lui servait d'observatoire, Pierrou commença par cueillir une grosse poignée de myrtilles. C'était un « secret » que lui avait enseigné son oncle Victor : les myrtilles ont la propriété de rendre la vue perçante.

Il en remplit le creux de sa main. Puis, retenant sa respiration, il les jeta d'un seul coup dans sa bouche.

– Est-ce que seulement tu as dit la prière? dit une voix caverneuse.

La voix venait de derrière le rocher. Pierrou se retourna vivement.

C'était Fageolle, le marchand d'almanachs, un petit homme au visage maigre, au nez pointu surmonté de lunettes à monture de fer.

1. Partisans catalans levés au profit de l'armée espagnole, au XVe siècle.

2. Brigands armés du trabuco, ou tromblon.

En ce temps-là, de nombreux colporteurs circulaient sur les sentiers de la montagne. Celui-ci était le plus connu. Outre les almanachs, il vendait des lunettes, des chapelets, des médailles bénites, des allumettes de contrebande et des fioles de remèdes pour toutes les sortes de maladies des bêtes et des gens.

Pierrou voyait miroiter les deux verres qui masquaient de blanc les yeux levés vers lui.

– La prière, tu l'as dite? Si tu ne l'as pas dite, qu'est-ce que tu espères?

– Quelle prière?

– Hé! Celle qu'il faut dire en avalant les abajous[1]! Tu ne le sais pas?

– Non! dit Pierrou.

L'homme l'examinait avec attention.

– ... Tu es le petit de Lartigue, n'est-ce pas?

– Oui!

– Alors je vais dire la prière pour toi. Les Lartigue sont des amis! Il te reste quelques abajous?

– Oui!

1. Nom local des myrtilles.

– Bon! Avale! Je suis prêt!

Pierrou jeta dans sa bouche le reste des fruits.

– Bien! A présent, laissons faire!

L'homme posa sa boîte à terre et s'assit dessus comme s'il avait l'intention de se reposer là un bon moment.

– Qu'est-ce que tu regardais de là-haut?

– La fumée, là-bas!

– Ah!... Et tu sais ce que c'est, cette fumée?

– Non!

– Personne n'a eu l'idée d'aller voir ce que c'était?

– Non! Je ne crois pas!

– Et d'en bas, il n'est venu personne?

– Je ne sais pas.

– Si des gens étaient passés, tu les aurais vus, non?

– Je crois, oui!

– Et ton père, qu'est-ce qu'il pense de cette fumée? Il n'a pas une idée?

« Oh! oh! pensa soudain Pierrou. Que cherches-tu, bonhomme? Que veux-tu savoir au juste? »

Depuis un moment il entendait un bruit de pas dans la forêt. Il tendit

l'oreille et perçut un cliquetis de chaînes.

– Chut! souffla l'homme.

Pierrou pensa d'abord qu'il s'agissait d'un convoi de mules, comme il en passait quelquefois. Mais à présent on distinguait des bruits de voix, des exclamations, des rires.

Le colporteur saisit Pierrou par le bras et le fit s'accroupir auprès de lui contre le rocher. Ils écoutèrent. Voilà des gens qui avaient l'intention de se cacher, mais qui oubliaient que, dans les bois, les voix portent plus loin que la vue!

Par endroits, dans des espaces clairs, on apercevait un défilé de silhouettes. A travers le feuillage, Pierrou voyait passer des taches de couleur, du rouge, du bleu, avec des éclats de soleil sur du métal. Des demoiselles! C'était sûr!

Pressé contre son dos, le colporteur grommelait à voix basse. Soudain le bonhomme se tut et cessa de respirer.

A l'autre bout du planol, venant de la vallée, une silhouette venait d'apparaître. Pierrou reconnut son oncle, le Cadet. Il allait se dresser pour l'appeler, mais la main de Fageolle appuya fermement sur son épaule.

– Bouge pas!

Là-bas le Cadet s'était arrêté. Il parlait avec les gens qui, un à un, sortaient de dessous les arbres. Les voix ne portaient pas jusqu'ici. Mais on voyait bien que la discussion était animée. Maintenant la troupe entière entourait le Cadet. C'étaient bien des demoiselles! La plupart de ces hommes étaient jeunes, mais il y avait aussi quelques visages ridés à fortes moustaches.

Le bleu que Pierrou avait aperçu tout à l'heure, c'était des vestes de soldats, et le rouge des épaulettes. Pourtant, à leur accoutrement, on voyait bien que ces hommes n'étaient pas des soldats. Ils faisaient penser plutôt à ces conscrits qui se déguisent avec des pièces d'uniformes et des vieux képis. L'un d'eux portait un sabre attaché à sa ceinture. C'était le fourreau de ce sabre qui brillait au soleil.

Le colporteur tendait l'oreille. Pierrou, lui, se dressa et, quittant l'abri de son rocher, se dirigea vers le groupe.

A part son oncle, il n'y avait là aucune figure connue. A leur accent un peu traînant il sut que ces gens venaient du côté de Rimont.

Par contre, eux semblaient bien connaître le Cadet.

– Approche! cria de loin celui-ci à Pierrou. Viens dire un peu à ces messieurs... Pose-lui des questions toi-même, fit-il au moustachu.

L'homme se planta devant Pierrou.

– Depuis quand sont-ils là?

– Qui?

– Les charbonniers!

– Quels charbonniers?

– Ne fais pas l'âne! Ceux-là, là-haut.

D'un mouvement de la tête il désignait la fumée sur l'ubac.

– Vendredi!

– Pas avant?

– Non!

– Tu es sûr?

– Oui!

– Ce n'est pas ce qu'on nous a dit!

Pierrou n'aimait pas du tout le ton sur lequel cet individu lui parlait. C'était un homme maigre, très brun, coiffé d'un béret noir tiré en pointe sur les yeux.

C'était lui le porteur de sabre. Le chef de la troupe, sans doute.
– Tu vois! dit le Cadet.
– Ce n'est pas une raison! Qu'est-ce que vous attendez, ceux d'ici?
– Ça nous regarde! Que chacun s'occupe de ses affaires!

La réplique était sèche. Il y eut quelques murmures dans la troupe. Mais les hommes semblaient indécis.
– Je vous l'ai dit, reprit le Cadet. Nous avons du bois à sortir. Voilà la raison! Je n'ai pas envie que les gardes et les gendarmes viennent traîner par ici. Il nous faut trois jours. Après nous verrons ce que nous avons à faire!

Le ton résolu du Cadet en imposait. Le chef des demoiselles parcourut sa troupe du regard.
– D'accord! fit-il à la fin. Trois jours! Pas plus!... Sans quoi, c'est nous qui monterons! Salut!
– Salut! fit le Cadet.

Il posa sa main sur l'épaule de Pierrou.
– Rentrons! J'ai à parler à ton père!

Pierrou rassembla ses bêtes et les poussa vers la maison.

Le colporteur avait disparu.

Après le souper, les hommes s'étaient assis autour du foyer où bouillait la grosse marmite pour le manger des bêtes.

– Alors, c'étaient ceux de Rimont, dit le grand-père. Ces gens ont toujours eu le sang chaud!

– Des foutues bêtes, oui! gronda maman. A quoi ça les avance ces manières de bandits?

– Ça, c'est autre chose! dit le Cadet. En tout cas, nous, cela ne nous arrangeait pas. D'abord, ce n'est pas leur affaire, et puis je n'ai pas envie que les gardes et les gendarmes viennent montrer leur nez de ce côté ces jours-ci.

Le père de Pierrou dressa la tête et regarda son cadet.

– Pour le bois, tu veux dire?

– Oui! C'est le moment!

Ce bois était celui que, en dépit des règlements, toutes les familles du village avaient coupé à leur convenance l'hiver dernier.

Le Cadet expliqua que Blazy, le garde de Labastide, venait d'être relevé de ses fonctions. Il était né ici et connaissait trop de monde dans le pays. Ses chefs l'accusaient de fermer les yeux et de ne pas voir ce qu'il aurait dû voir. On l'envoyait, en punition, du côté de Tarbes.

Avant qu'un autre garde vienne, on ne savait d'où, un gars qu'on ne connaîtrait pas et qu'on ne saurait comment prendre, il fallait se presser d'enlever le bois, et tout d'une seule fois si c'était possible.

C'était pour cela que le Cadet était monté aujourd'hui, pour dire qu'il fallait préparer les attelages et faire vite.

Chapitre 2

Bien avant le lever du jour, les charrettes du village partirent une à une, sans un aboi de chien, sans un éclat de lanterne, comme sur la pointe des pieds. Les attelages de vaches ont le pas lent et silencieux. Les grincements des timons et le ballant des roues sur l'essieu ne portent pas au-delà des premiers buissons. Mais les plus silencieux de tous les attelages qui, à la fin de cette nuit-là, montèrent vers la forêt furent les mules du Cadet : lui n'avait pas de vaches.

Pierrou, encore à moitié endormi, se tenait sur le pas de la porte, le dos dans le chaud de l'étable et le nez dans le froid de l'aube.

Sa maison était la première du village, de quelques pas en retrait de la route qui monte de la vallée. Au-delà de la murette de pierres qui borde l'autre côté, c'était le ciel plein d'étoiles.

C'est sur ce champ d'étoiles que Pierrou vit soudain apparaître une grande ombre noire suivie d'une autre toute pareille : les deux charrettes du Cadet.

Au même moment une silhouette se planta devant lui. C'était Victor.

– Vous n'êtes pas encore partis? Allez! Allez! Pressons! On se retrouvera sur la jasse[1].

Entendant la voix de leur maître, les mules s'arrêtèrent.

– Ne tarde pas non plus à aller prendre ton poste. Tu ne le quitteras qu'à la nuit tombée. Et ouvre l'œil! Allez, hue!

Les deux attelages reprirent leur marche.

Pierrou distingua alors des choses blanches qui bougeaient sur le chemin, sous le ventre des mules. C'étaient des

1. Clairière herbeuse dans la forêt.

rembourrages de chiffons que le Cadet avait ficelés autour des sabots de ses bêtes. L'oncle Victor n'était pas roulier pour rien. Il avait plus d'un tour dans son sac. Les gardes et leurs mouchards pouvaient toujours tendre l'oreille!

Sur la façade de la maison voisine, celle des de France, la fenêtre de la cuisine était éclairée. Eux non plus n'étaient pas en avance!

Les hommes des deux familles avaient convenu de s'attendre.

Ce fut le vieux de France qui, le premier, apparut sur le seuil de sa cuisine. Presque en même temps, Jousep et Toine de Lartigue sortirent, la bouche encore pleine. D'un même geste ils essuyèrent à leur pantalon la lame de leur couteau, le refermèrent avec un claquement sec et le glissèrent dans leur poche.

C'était déjà l'aube lorsque leurs deux charrettes furent prêtes à partir.

La mère de Pierrou regarda les hautes crêtes dentelées qui, à présent, se détachaient sur le ciel clair.

– Vous vous êtes retardés! reprocha-t-elle à ses hommes. Quelque curieux

matinal pourrait bien traîner sur les chemins d'en bas!
– J'y ai pensé! dit le voisin. J'ai envoyé Toune au pas de la Mule!

C'était trop fort! Toune n'était qu'une voisine. Et c'était elle qu'on envoyait au pas de la Mule, alors que le guetteur désigné pour ce poste c'était lui, Pierrou.

La chose avait été décidée la veille au soir, lorsque son oncle, après être passé de maison en maison, avait fait son rapport.
– Il y aura douze charrettes. Plus les deux miennes. Il faudra être là-haut avant le jour. On ne rentrera qu'à la nuit. Je veux que toute la journée un guetteur surveille la route. Ce sera toi! avait-il dit à Pierrou. Et ne t'avise pas d'amener un copain! Ce n'est pas une partie de rigolade! Si tu vois quelqu'un monter, ne le quitte pas des yeux. S'il ne dépasse pas la croix de Maury, tu ne bouges pas. Mais s'il continue à monter après la croix, tu viens nous rejoindre sur les jasses. Le reste me regarde!

Cette voix ferme, ces ordres carrés faisaient frémir Pierrou intérieurement. On voyait que son oncle, bien qu'il ne fût qu'un cadet, était un homme de commandement. Pierrou attribuait cela au métier de roulier, qui lançait les charrettes de son oncle sur des routes difficiles et le menait fort loin, jusqu'au fin fond des Corbières et du pays bas[1].

Une fois les charrettes parties, Pierrou se trouva tout bête. Cette histoire de Toune le laissait les bras ballants mais le cœur bouillonnant. Sa mère le comprit :

– A présent, cours remplacer la petite! ordonna-t-elle.

Le pas de la Mule est la dernière des douze – au moins – boucles superposées que, du fond de la vallée, la route trace sur le flanc de la montagne.

La montée est rude, mais le tournant qu'on prend très large à cet endroit forme comme une sorte de plate-forme où les attelages peuvent souffler avant le dernier coup de collier vers le haut.

1. Bas-Languedoc.

C'était sur cette plate-forme que Pierrou s'attendait à trouver Toune aux aguets.

Personne!

Il appela à mi-voix :

– Ho! ho!... Ho! ho!...

Puis plus fort. Puis à pleine voix.

– Ho! ho!... Ho! ho!...

Il y eut un froissement dans les buissons, au-dessous de lui. Une grosse bête! Pierrou sursauta, prêt à détaler.

Mais non! Ce n'était ni un ours ni même un sanglier. C'était Toune. Elle apparut, grimpant sur la pente, le visage levé vers lui, toute rouge sous le capuchon de sa mante.

– Tu as fini de faire tout ce raffut? gronda-t-elle.

– Le pas de la Mule, c'est ici! répliqua Pierrou. Ah! on peut se fier à toi!

– Ici, hein? fit Toune en haussant les épaules. Regarde un peu avant de parler!

Elle désignait autour d'eux les buissons qui les enserraient de toutes parts.

– Qu'est-ce que tu peux voir d'ici, gros malin?

Pierrou n'eut pas le temps de répliquer à ce « gros malin ».

– Viens! ordonna Toune.

Elle se glissa entre les touffes plus hautes qu'elle, dégringolant à grandes enjambées, Pierrou sur les talons. Presque aussitôt ils atteignirent le haut du talus dominant la route de trois ou quatre mètres. Toune rassembla les plis de sa mante sous ses fesses et se laissa glisser, les sabots en avant. Pierrou perdit l'un des siens et le reçut sur le dos au moment où ses pieds touchaient terre.

Tandis qu'il maugréait en reprenant son équilibre, Toune traversa la route droit devant elle et s'enfonça sous les arbres. La pente était si forte qu'il fallait se retenir d'un arbre à un autre. Soudain, le sol se redressa et Pierrou aperçut Toune sur une avancée de rocher formant comme un balcon, en plein soleil.

– C'est ici que j'étais! Viens voir un peu!

Pierrou la rejoignit. Elle tendit le bras vers le fond de la vallée et, de la pointe du doigt, suivit les lacets successifs qu'on voyait nettement à travers les arbres.

L'endroit dominait presque à la verticale l'ensemble de la route et il suffisait de se pencher un peu, à droite ou à gauche, pour distinguer les tournants qui, par degrés, s'élevaient jusqu'au dernier, ce fameux pas de la Mule.

– Alors? Qu'est-ce que tu en dis?

Que pouvait-il dire?

Il fit semblant de ne pas avoir entendu et feignit de s'occuper à chercher sur le rocher une bonne place pour s'asseoir.

– Si c'est trop dur je t'apporterai un coussin! cria Toune en s'éloignant.

Pierrou haussa les épaules. Toune se moquait de lui, et elle avait la langue bien pendue. Il valait mieux en rester là!

Pierrou soupira d'aise en regardant autour de lui. Toune lui avait trouvé un fameux poste de guet.

Mais qui, du fond de la vallée, pourrait monter de ce côté? Pas le garde, puisque l'ancien était parti et que le nouveau n'était pas encore arrivé. Alors, les gendarmes? Peut-être. Ils n'étaient pas méchants. Mais, bien sûr, s'ils tombaient sur un convoi de quatorze charrettes chargées de bois volé...

Parce que c'était cela qu'on disait à présent. Prendre du bois dans la forêt, c'était voler!

Et avec quoi voulez-vous qu'on se chauffe? Qu'on fasse cuire la soupe des gens et le manger des bêtes? Et si on a besoin d'une planche pour la charrette ou d'un chevron pour le toit, où voulez-vous qu'on les prenne? Même le père de Pierrou, qui était un homme posé, se mettait en colère lorsqu'on abordait ce sujet. Et pourtant il n'approuvait pas les demoiselles, qui défiaient ouvertement les autorités, livraient bataille aux gardes et aux gendarmes et allaient jusqu'à incendier les fabriques et les châteaux des maîtres de forges. Quant à Marie de Lartigue, elle les traitait carrément de bandits.

Le Cadet, lui, pensait tout autrement. Pierrou l'avait entendu assurer qu'il réglerait lui-même l'affaire des charbonniers. Or, les charbonniers travaillaient pour le compte de moussu Loubat, l'ami et le bienfaiteur de la famille.

Pierrou pensait à ces choses, les yeux fixés sur les lacets de la route. La pente au-dessous de lui était si raide que les arbres s'accrochaient à grand-peine sur la roche. Il voyait de larges pans verticaux d'ardoise bleue où ne poussaient que quelques touffes d'une herbe rêche à fleurs jaunes.

Le temps passait. Il faisait chaud. Autour de lui, la forêt bourdonnait. Pierrou décida que le moment de déjeuner était venu.

A peine eut-il avalé quelques bouchées que la soif le prit. La tranche de jambon que sa mère avait placée dans son quignon de pain était salée. Heureusement, la boisson ne manquait pas. Il entendait au-dessus de sa tête le bruit d'un filet d'eau qui devait tomber en cascatelle dans le fossé de la route, au pied du talus.

La bouche sèche, Pierrou imaginait le rocher mouillé, tapissé de mousse, et l'eau glacée éclaboussant les pierres.

A la fin, il n'y tint plus. Il se mit debout, observa attentivement la route, le plus loin qu'il put. Personne! Ce serait bien le diable si...

Rapidement, il grimpa jusqu'à la route, but à la régalade, les yeux fermés sous les éclaboussures, trouva que l'eau était moins froide qu'il ne l'imaginait et redescendit aussitôt en s'essuyant le bec.

Bouh!...

Ses yeux le trompaient-ils? Les gendarmes étaient là! Pas sur lui, mais là tout de même, en bas, sur la route. Tout à fait en bas, sur le plat de la vallée, en plein soleil. Deux gendarmes à cheval!

Le premier saisissement passé, Pierrou se rassura peu à peu. Il se dit que si ces gendarmes avaient eu l'intention d'arrêter des voleurs, ils auraient lancé leurs chevaux au galop, au moins jusqu'à la première rampe.

Cependant Pierrou ne les quittait pas des yeux. Il distinguait leurs uniformes bleus, leurs bottes noires et les parements blancs de leurs chapeaux.

A présent ils étaient tout à fait en dessous de lui, dans l'ombre de la montagne, et commençaient à gravir la côte.

Pierrou se rappela alors la recommandation du Cadet : ne pas bouger tant que ceux qui monteraient ne dépasseraient pas la croix de Maury.

Pourquoi la croix de Maury? Parce qu'à cet endroit s'embranche le chemin qui conduit aux Vieilles-Bordes, un gros hameau où quelqu'un d'en bas peut avoir affaire.

Mais si ce quelqu'un dépasse cet embranchement, c'est qu'il a l'intention de monter jusqu'au village. Dans ce cas, il faudra faire vite!

Pierrou trépignait d'impatience. Penché sur son rocher, il regardait ces fichus gendarmes qui n'en finissaient pas de monter tranquillement d'un tournant à l'autre. Comment savoir s'ils allaient dépasser la croix de Maury?

Quelques éclats d'ardoise, détachés des falaises voisines, traînaient sur la plate-forme où il se trouvait. La main de Pierrou heurta par mégarde une de ces pierres qui tomba trente mètres plus bas et s'écrasa, plaf! sur la route.

Les gendarmes arrêtèrent leurs chevaux et levèrent la tête vers les rochers et les arbres qui les dominaient.

Aussitôt Pierrou fit tomber une autre pierre. Volontairement, cette fois.

L'effet fut immédiat. Les gendarmes mirent pied à terre, saisirent la bride de leurs chevaux et, se coulant au ras des buissons, reprirent le chemin de la vallée.

Pierrou éclata de rire et se dressa triomphant sur son rocher.

Ce qui l'avertit? Il ne le sut jamais. Peut-être le craquement d'une branche, peut-être, comme il arrive quelquefois, l'impression qu'un regard était fixé sur lui.

Il se retourna vivement. Un homme était là, immobile sur la pente, à trois mètres au-dessus de lui, la main appuyée au tronc d'un hêtre. On eût dit une statue. Uniforme vert, casquette à visière noire, fusil à l'épaule : le garde!

Soudain la voix claqua, nette, sévère :

– Qu'est-ce que tu fais là?

– Rien! fit Pierrou, glacé.

– Et ces pierres?

– Je m'amusais!

– A les jeter?

– ...

– Sur les gendarmes!

– ...

Mille pensées tourbillonnaient dans l'esprit de Pierrou. Le nouveau garde était là! Son oncle avait été mal renseigné! Peut-être trahi!

Et ce garde, ce n'était pas quelqu'un d'ici. Cet air militaire, ce ton brusque, cet accent...

– Quel est ton nom?

Pierrou fut pris de panique. Pourquoi son nom? Il lança le premier nom qui lui vint à l'esprit.

– Blazy!

– Blazy? fit l'homme. Tu es parent de l'ancien garde?

– Un peu, dit Pierrou.

L'homme réfléchit une minute.

– Qui t'a dit de venir à cet endroit?

– Personne!

Le garde ricana.

– Personne, hein? Tu es venu là tout seul!... Pour t'amuser?

Apparemment il n'en croyait pas un mot.

– C'est bien! Nous allons parler de tout cela avec ton père!

Pierrou frémit. Que faire? L'autre s'impatientait :

– Allons! Arrive!

Pierrou prit mille précautions pour descendre de son rocher. Il fallait gagner du temps et, surtout, empêcher le garde de monter jusqu'au village.

L'un après l'autre ses sabots glissèrent et roulèrent sur les pierres. Il se baissa pour les ramasser et tâtonna avant de les chausser à nouveau.

Lorsqu'il leva la tête, il crut à une apparition : là-haut, dans les arbres, à deux mètres au-dessus du garde, se tenait Toune. Elle observait la scène et, un doigt sur les lèvres, lui faisait signe de garder le silence.

Le garde se retourna vivement mais ne vit rien. Toune avait disparu.

Il reprit :

– Où habites-tu?

– A... Aux Vieilles-Bordes! lança Pierrou.

– Où est-ce?

– Par là!

– Bon! Passe devant!

« N'importe où, mais pas au village!

pensait Pierrou. Le plus loin possible! »

La descente jusqu'à la croix de Maury faisait bien un kilomètre. Il fallait ensuite près d'une heure pour atteindre la première vieille borde[1]. Les trois autres s'échelonnaient de loin en loin sur le chemin. Il pourrait toujours dire qu'il habitait la dernière.

Mais peut-être qu'avant d'arriver là-bas...

Pierrou s'efforçait au calme. Il fallait faire quelque chose. Mais quoi?

Toune?... Qu'est-ce que Toune était venue faire? Sans doute le surveiller. Et à présent qu'il s'était laissé surprendre, sans doute essaierait-elle de l'aider. Mais que pourrait-elle faire? Pierrou ne devait compter que sur lui-même.

Arrivé à la croix de Maury, il montra l'entrée du vieux chemin.

– C'est par là!

– Va! Je te suis!

L'homme avait marqué un temps d'arrêt. Ils allaient quitter la route, bien dégagée, pour ce chemin qui n'était qu'une étroite corniche au-dessus d'un

1. Ferme.

précipice dont la masse des arbres masquait le fond.

Pierrou devina que le garde n'était pas très rassuré. Cette pensée le revigora. Et presque en même temps il vit, dans son esprit, l'endroit où il pourrait tenter quelque chose.

Bien avant d'arriver à la première vieille borde, le chemin, sur une centaine de mètres, se rétrécissait au point de ne former qu'un étroit passage pressé contre le rocher et dominant le vide. Mais Pierrou savait que trois ou quatre mètres plus bas se trouvait une sorte de balcon rocheux, invisible sous les buissons qui le recouvraient.

Tous les enfants du village connaissaient bien cet endroit. Sur cette étroite corniche poussaient de grands massifs de houx qui en fournissaient de pleines brassées couvertes de baies rouges pour la crèche de Noël.

C'était là qu'il fallait tenter de s'échapper.

Insensiblement Pierrou s'approcha du bord, en essayant de repérer le meilleur endroit pour sauter. Les buissons de houx étaient si hauts que leur sommet atteignait le chemin et formait comme une haie tout au long du passage. En contrebas, les cimes serrées des arbres s'étageaient, en paliers successifs, jusqu'au fond du précipice.

A quelques pas devant lui, Pierrou repéra une échancrure dans le feuillage de la haie. Voilà l'endroit!

Prenant brusquement son élan, il sauta très haut, comme s'il voulait se jeter dans le vide, mais fit bien attention de retomber en plein milieu du buisson.

Le garde s'élança derrière lui et bondit encore plus haut. Trop haut, hélas! pour lui, et surtout trop loin! Pierrou, qui se cramponnait sur la corniche, le vit passer par-dessus sa tête, retomber de tout son poids sur l'extrémité des branches et, dans un grand fracas, poursuivre sa chute de buisson en buisson vers les profondeurs du ravin.

Chapitre 3

Arrivé au-dessous du village, Pierrou, à bout de souffle, la poitrine en feu, dut s'appuyer contre le tronc d'un arbre. Il prêta l'oreille. Ni appel dans les bois, ni bruit de pas sur la route. Soudain, là-haut, au bout du chemin, apparurent deux silhouettes qui couraient à toutes jambes : c'étaient Toune et Marie de Lartigue.

Lorsque Pierrou se détacha de l'arbre, elles s'arrêtèrent, stupéfaites :

– C'est lui! C'est lui!

Toune s'élança et se mit à le bourrer de coups de poing, riant et pleurant à la fois.

– Tu n'es pas... Tu n'es pas... mort!...

Marie arriva à son tour, à pas mesurés, les bras croisés sur la poitrine, comme si elle avait froid.

– Où est le garde?

– Dans le reg[1]!...

– Au fond?

– Oui!

– Seigneur!...

– Mort! gémit Toune, qui reniflait.

– Toi, ne dis pas de bêtises! Et d'abord mouche-toi!... Je vais voir! Vous deux, remontez!

C'était un ordre et sans réplique.

A deux pas, Marie se retourna brusquement :

– Pierrou, tu m'attendras dans la cuisine. Et ferme les volets! Toi, Toune, va dire aux hommes ce qui est arrivé!

« Dans la cuisine! Pourquoi dans la cuisine? Et pourquoi les volets fermés? Pour faire croire que la maison était vide? »

Pierrou se tenait assis à la table dans la pénombre.

1. Ravin.

Le soleil avait disparu derrière les crêtes et l'ombre montant de la vallée noyait le village. C'était presque la nuit dans la grande pièce. On l'appelait la cuisine parce qu'il y avait la cheminée, au rideau rouge, et l'évier, avec les cruches de terre jaune vernissées. Il s'y trouvait aussi un lit dont les rideaux à grands carreaux blancs et bleus tombaient des solives jusqu'à terre. C'était là que couchaient ses parents.

Au rez-de-chaussée, les vaches agitaient leurs chaînes, se grattaient longuement contre la crèche. Parfois la Pardole meuglait. Mais il n'était pas question de les conduire sur le planol aujourd'hui. Si le garde était mort, quelles représailles allaient s'abattre sur lui et sur les siens!

Il faisait presque noir lorsque la porte d'en bas claqua et fut verrouillée avec fracas. Marie de Lartigue parut. Son air était si farouche que Pierrou n'osa pas poser de questions.

A grands pas, elle alla à la fenêtre et poussa les volets, puis au vaisselier où elle fouilla dans un tiroir et prit des ciseaux qu'elle fit claquer entre ses doigts. A la fin, elle s'empara d'une chaise et la traîna devant la croisée :

– Viens t'asseoir ici!

Pierrou obéit. Ce n'était pas le moment de demander des explications.

Marie disposa un torchon sur ses épaules et, plaquant une main sur sa tête, entreprit de lui couper les cheveux à grands coups de ciseaux. Non pas avec un bol comme elle le faisait d'habitude – elle coupait tout ce qui dépassait autour du bol placé comme une calotte au sommet du crâne –, mais directement, à pleines mains et à ras.

Pierrou n'osait pas faire un mouvement. Il voyait les mèches tomber en pluie autour de lui et pensait : « Ma mère est devenue folle! »

Il l'entendait gronder pour elle-même :

– Ces sacrés cheveux rouges! D'où les ont-ils tirés?... Je vous le demande!... Il a fallu que le diable s'en mêle!...

Et elle cisaillait avec rage.

– Tiens!... Tiens!

Lorsque ce fut fini, elle ramassa au balai les touffes répandues sur le plancher et, d'un grand coup, les poussa dans

le feu où elles grésillèrent en une brève flambée jaune.

Puis elle saisit une poignée de cendres, maintint Pierrou contre elle et se mit à lui frictionner le crâne avec fureur. Elle haletait :

– Si à force, à force... ils pouvaient repousser... couleur de cette carbonille!

La carbonille – c'étaient les débris des bûches carbonisées –, Pierrou la sentait rouler sous les fortes mains de sa mère et s'écraser en une poudre fine, grise, qui s'étalait sur la peau rase.

– Voilà! dit Marie à la fin.

Elle contempla son œuvre et parut satisfaite.

– Maintenant, à la grâce de Dieu!

En un tournemain elle enleva le torchon, alla le secouer à la fenêtre, regarda son fils et répéta :

– A la grâce de Dieu!

– Il est mort? murmura enfin Pierrou, la gorge serrée.

– Non!... Justement!...

Ils n'eurent pas besoin d'allumer la lanterne pour donner aux bêtes. La lune venait de franchir les crêtes de Fontfrède et flottait à présent en plein ciel. Sa clarté entrait par la porte grande ouverte et illuminait la paille de la litière et le flanc des vaches.

Aucun bruit chez les de France. Leur étable était déjà barricadée. Que faisait Toune? N'était-elle pas redescendue de la forêt?

Pierrou fit deux pas devant la porte pour jeter un coup d'œil chez les voisins.

– Ne te montre pas! cria précipitamment sa mère.

Elle le saisit aux épaules et le poussa vers l'escalier. On eût dit qu'elle voulait l'escamoter.

– Monte! Et n'allume pas! Si tu entends venir quelqu'un, mets-toi au lit!

Pourquoi au lit? Parce qu'on ne se met au lit que lorsqu'on est malade. Si les gendarmes venaient poser des questions, Mélie de France comme Marie de Lartigue jureraient que Pierrou était en pleine fièvre et gardait le lit depuis trois jours. Et tout le pays témoignerait – croix de bois, croix de fer – que c'était vrai. Et s'ils parlaient d'un rouquin?

– Un rouquin? Quel rouquin? Il n'y a jamais eu de rouquin au village!

Soudain, le chien se mit à aboyer et, tout de suite, ce fut la grande fureur.

Presque aussitôt on tapa du poing à la porte de l'étable. Marie courut à la fenêtre, ouvrit doucement la croisée, se pencha à peine et dit à mi-voix :

– J'arrive!...

Elle traversa la pièce précipitamment.

– C'est Polyte!

Polyte, c'était un montreur d'ours. Un ami. Mais sait-on jamais?

Pierrou ne savait s'il devait se montrer ou non. Il prit le parti de rester dans le noir de l'escalier, l'oreille tendue.

Les deux silhouettes se tenaient dans le clair de la porte.

– Je viens d'en bas! dit l'homme. On parle! J'ai compris que ça allait mal par ici!... Alors, j'arrive!

– Merci, Polyte! Toine n'est pas là. Mais il ne va pas tarder!

Le chien, tout hérissé, ramassé sur lui-même, tournait vers la porte des crocs menaçants. Marie lui lança un coup de sabot.

– La paix, toi!
– Attache-le! dit l'homme. Il ne se taira pas!

Pierrou se leva brusquement et courut à la fenêtre.

L'ours était là, bien tranquille, debout comme un mendiant, appuyé au montant de la porte.

L'homme conduisit sa bête sous la grange. L'ours dormirait enfermé dans la vieille soue, comme à chaque passage de Polyte.

L'oussaillé[1] était un petit homme sec et noir, toujours coiffé d'un large béret à la mode de son pays. Il venait d'Ercé, un petit village de la haute vallée du Salat où les montreurs d'ours étaient nombreux et d'où ils partaient tous les ans pour des tournées parfois très lointaines.

Sans manière, il saisit une chaise basse et s'assit devant le feu.

– Tu as peut-être faim? dit Marie.
– J'attendrai! T'occupe pas!... Pour en revenir à l'affaire, c'est ceux de Nescus qui ont entendu appeler dans les bois.

1. Montreur d'ours.

ils sont allés voir et ont trouvé le garde. Un nouveau, paraît-il. Ils l'ont chargé sur une brouette et l'ont porté à Labastide. Avant de tourner de l'œil, l'homme a parlé d'un rouquin des Vieilles-Bordes. Mais déjà à Labastide les gendarmes menaient grand bruit et parlaient d'une attaque sur le chemin d'ici. C'est là que j'ai dressé l'oreille et que j'ai dit à mon frère : « Je vais voir là-haut. Si par cas ils n'auraient pas besoin... »

– Besoin!... soupira Marie. Tout va nous faire besoin! Surtout si les gendarmes se mettent à inventer!

Pierrou, la tête basse, pensait que les gendarmes n'avaient pas inventé. Mais il n'osa rien dire.

Pierrou n'entendit pas passer les premières charrettes. Lorsqu'il ouvrit les yeux, sa mère et Polyte guettaient à la fenêtre.

– C'est ce que j'avais pensé : ils sont revenus par le vieux chemin!

En effet, le convoi semblait monter de la vallée. En réalité, il avait rejoint la route par une ancienne tire[1] un peu en aval du village, évitant ainsi l'entrée du haut qui pouvait être surveillée.

Pierrou, encore à moitié endormi, vit passer dans le noir le lent défilé des charrettes fantômes.

Quelques instants plus tard, après avoir remisé le bois sous le hangar, son père et son grand-père gravirent enfin l'escalier.

Toine ne marqua pas de surprise en trouvant son ami à la maison. C'était la saison des oussaillés, et tous les ans Polyte lui faisait visite.

Ils se connaissaient depuis le temps où, bien que faisant partie de colles[2] différentes, ils s'étaient rencontrés pour les moissons dans les métairies de moussu Loubat. Ils s'étaient liés d'amitié, sans raison particulière. Peut-être parce qu'ils se ressemblaient par le corps et par le caractère : secs de muscles, noirs de peau, sévères et silencieux. Aujourd'hui

1. Passage laissé par le glissement des troncs qu'on a « tirés » jusqu'à un endroit accessible.

2. Troupes de travailleurs saisonniers : faucheurs, moissonneurs, vendangeurs, etc.

encore, ils trouvaient peu à dire. Seule Marie s'agitait et posait des questions. Où était le Cadet? N'allait-il pas venir?

– Il livre son bois à monsieur le curé! dit le grand-père.

Il y eut sur tous les visages une esquisse de sourire.

Le bois du curé!

Il y avait sur la place, tout contre le mur du presbytère attenant à l'église, un hangar sous lequel monsieur le curé rangeait sa provision de bois. Naturellement, ni les gardes ni les gendarmes n'auraient osé faire des misères au saint homme.

En réalité, cette pile de fagots et de bûches était constamment renouvelée. Le hangar du presbytère servait d'entrepôt à ceux qui vendaient clandestinement du bois de chauffage aux gens de la vallée. Il était toujours plein et les gardes n'y voyaient... que du feu. Ou faisaient semblant. Comme ce Blazy qu'on avait expédié du côté de Tarbes.

Le Cadet, donc, était en train de décharger son bois et redescendrait à vide. En cas de mauvaise rencontre sur la route, que pourrait-il craindre? Un roulier doit rouler avec ses charrettes. C'est son métier!...

Lorsque le Cadet arriva, Marie lui raconta l'« exploit » de Pierrou et fit répéter par Polyte ce qui se disait en bas.

Le Cadet fronça les sourcils.

– Pourquoi diable les gendarmes sont-ils allés inventer cette histoire d'attaque?...

Chacun s'interrogeait.

– C'est moi! dit Pierrou au milieu d'un grand silence.

Il raconta tout : la place choisie par Toune, les lacets de la route, si visibles, l'apparition des gendarmes, l'idée de faire rouler des pierres...

Tous les regards étaient braqués sur lui.

– C'était pour les empêcher de monter! balbutia Pierrou.

Le silence se fit encore plus pesant.

– C'est réussi! dit sa mère, à la fin.

– Attaque contre les gendarmes! Attentat contre le garde! Ils ne vont pas avaler ça! Et c'est sûr que les gendarmes, comme le garde, voudront se faire mousser. Ils vont parler de bandes ou de je ne sais quoi.

– Et aussi d'un rouquin! dit Polyte. Ne l'oublie pas! Tu es bon le premier!
– Le petit aussi! s'écria Marie. C'est pour ça que je l'ai tondu!

Personne ne l'avait remarqué et personne n'eut envie de rire en voyant le crâne grisâtre de Pierrou.

– A quoi ça servira? dit le Cadet. Des rouquins, il n'y en a pas cinquante par ici! Ils finiront bien par savoir!... Il faut le faire filer!
– Filer!... Filer! murmura Marie. C'est facile à dire!

Tous demeuraient pensifs.

– J'ai une idée! dit Polyte. Qu'il vienne avec moi! J'ai de bons papiers. Avec mon frère et mon neveu il ne risquera rien. Qui viendra nous chercher par les chemins que nous prendrons?

Il y eut un long silence.

– L'idée n'est pas mauvaise! dit à la fin le vieux de Lartigue. Cela fera voir du pays au garçon!
– Mais... mais... je n'ai rien de prêt!

Marie regardait autour d'elle, comme cherchant un secours.

– Il n'a besoin que d'un caleçon et d'une chemise! J'ai mes endroits pour la lessive et le rechange. Nous repasserons avant la Toussaint!

– Mais... mais...

– Tu préfères que les gendarmes l'emmènent? Qu'il aille se coucher! Et demain, salut! Nous partirons à la cime de l'aube!

Pierrou obéit, sans mot dire, la tête perdue. Il n'avait plus du tout envie de dormir.

Il se coucha cependant mais laissa la porte entrebâillée.

Le Cadet expliquait que lui-même allait partir tout de suite. Pour le cas où quelque malin guetterait son arrivée, il ne passerait pas par l'auberge, mais filerait directement vers Foix et de là vers le pays d'Olmes où, depuis longtemps, il avait des chargements à prendre. Tous les aubergistes, sur sa route, seraient prêts à témoigner qu'il avait passé cette nuit-là chez eux.

Pierrou se réveilla en sursaut.

Derrière les volets mi-clos, c'était la pâleur du ciel qui précède l'aube.

Brusquement, il se dressa sur son

oreiller. L'oussaillé! Il allait partir avec l'oussaillé. Non! Ce n'était pas possible!

A son insu, sa résolution s'était formée en lui au cours de la nuit.

Quitter le village, partir sur les routes en compagnie de ces hommes noirs et de ces bêtes malheureuses qu'on faisait danser pour des badauds, auxquelles on faisait jouer du tambourin et tendre la sébile! Non, il ne partirait pas!

Aussitôt, il se leva sans bruit et s'habilla en hâte.

Hier soir, sa mère ne paraissait pas tout à fait d'accord avec ce projet. Cette pensée le raffermit dans sa décision.

Dans le lit voisin le grand-père respirait paisiblement.

Pierrou poussa doucement les volets, enjamba la fenêtre, prit pied sur le toit de la cabane aux lapins et sauta dans le jardin.

D'instinct il se dirigea vers le planol qui touchait à la forêt. Il voulait aller assez loin de manière à ne pas entendre les appels qui retentiraient autour de la maison. S'il percevait ces appels, qui sait s'il aurait le courage de ne pas répondre ?

Lorsqu'il atteignit le planol, la nuit lui parut plus noire. C'était à cause de la grande ombre de la forêt au-dessus de sa tête. Là, il se sentit protégé et sûr de lui.

Mais comment saurait-il que l'oussaillé avait quitté la maison? Il pensa aussitôt à la croix del Bouich[1] qu'on fleurissait tous les ans pour la procession des rogations. Elle était située au bord de la route, bien avant l'entrée du village, au pied d'une falaise couverte de buis.

Il lui suffit de longer la lisière de la forêt puis de dégringoler dans la pierraille jusqu'au-dessus de la falaise. Là, il s'assit entre deux buissons, les yeux fixés sur la route.

Il n'eut pas longtemps à attendre. Polyte parut, marchant à grands pas balancés. Derrière lui l'ours se dandinait, la tête basse, au bout de sa chaîne.

– Te voilà! dit sa mère lorsqu'il parut sur le seuil de l'étable où elle trayait les

1. Bouich : buis en occitan.

vaches. Ça ne me plaisait pas, à moi non plus! Va déjeuner. C'est réglé avec ton père. Je te conduis à Labastide, chez Honoré!

Honoré, c'était moussu Loubat!

Chapitre 4

Marie de Lartigue mit dans un panier une douzaine d'œufs, deux saucissons, trois grandes tranches de millas[1] – elle savait que ces dames l'appréciaient – et un grand quartier de fromage. Pierrou la regardait faire, engoncé dans sa blouse bleue à petits plis et très mal à l'aise dans ses souliers. Un balluchon de vêtements était posé à ses pieds. Il avait préparé son bâton à lacet de cuir pour le porter sur son épaule. Mais sa mère le pria de laisser ce gourdin derrière la porte : ils n'allaient pas à la foire.

1. Sorte de gâteau fait d'une pâte épaisse de farine de maïs.

A la fin, elle roula un grand torchon jusqu'à en faire une sorte de gros câble qu'elle noua en couronne. Elle posa cette couronne sur sa tête et le panier par-dessus.

A mi-côte, Pierrou n'y tint plus, il demanda à sa mère de s'arrêter pour retirer ces fichus souliers qui lui faisaient un mal du diable. Marie en profita pour retirer les siens.

Ils soufflèrent un peu.

– Nous ne sommes pas en retard! dit Marie, mais je ne veux pas arriver à l'heure du dîner[1], Honoré n'aime pas être dérangé quand il est à table!

A la connaissance de Pierrou, sa mère était la seule personne qui appelât moussu Loubat Honoré et parfois même Nono.

Il était fréquent à cette époque que les jeunes mères de la montagne soient appelées comme nourrices dans les riches familles de la vallée. Cela avait été le cas pour Julie de Lartigue, la mère de Marie,

1. Il s'agit du déjeuner, le repas du soir est le souper.

et elle avait été si bien accueillie par toute la famille qu'elle était restée comme servante bien après qu'Honoré – dit parfois, par dérision, Nono – eut été sevré. Elle avait gardé sa fille auprès d'elle, et Marie et Honoré avaient été élevés comme frère et sœur jusqu'au temps de leur première communion; en fait jusqu'au jour où Jousep de Lartigue avait fini par se fâcher, par taper un grand coup de poing sur la table et par exiger que sa femme et sa fille, qu'il ne voyait plus qu'un dimanche sur deux, rentrent définitivement au village.

Julie remonta donc munie de son dernier salaire, grossi d'un bon présent, et, ce qui était encore plus précieux, de l'amitié de la plus riche famille de Labastide.

Depuis ce temps-là, les Lartigue, et avec eux leurs voisins, et peu à peu tous les hameaux de la montagne, bénéficiaient des nombreux avantages qu'un maître puissant peut accorder à ses protégés.

Vers midi, Marie et Pierrou étaient

loin dans la vallée, presque à son débouché sur la plaine. Pierrou n'avait jamais vu un pays aussi plat. Il avait l'impression de manquer d'air. Et puis il avait faim. Naturellement, pas question de toucher aux présents destinés à moussu Loubat! Sa mère avait-elle seulement pensé à leur déjeuner?

Elle marchait, grande et droite, le buste raide au-dessus du balancement de sa longue jupe noire. Pierrou traînait les pieds dans l'herbe ou dans la poussière du chemin.

Sans avertir, à l'embranchement du chemin de Nescus, Marie obliqua à droite.

Pierrou sut alors qu'ils allaient passer chez sa grand-mère paternelle qui, avec son fils cadet, tenait l'auberge d'en bas.

L'auberge était située un peu en dehors du village, sur un vieux chemin qui n'était fréquenté que par les bûcherons, les charbonniers et quelques braconniers.

L'idée qu'ils pussent faire ce détour n'était pas venue à l'esprit de Pierrou car sa mère et sa grand-mère étaient en froid. La vieille femme n'avait jamais accepté cette belle-fille qui avait su séduire et retenir là-haut son fils aîné, dans ce village perdu où, disait-elle, les corbeaux eux-mêmes n'allaient pas parce qu'il n'y avait rien à manger.

Les deux frères plaisantaient sur cette animosité. Mais Marie de Lartigue avait sa dignité : « Ta mère ne veut pas me voir ? C'est entendu, elle ne me verra pas ! »

Les choses en étaient là bien avant même la naissance de Pierrou.

Aujourd'hui la situation était telle que toute animosité devait être oubliée : la famille entière allait faire front.

La première personne qu'ils virent en entrant dans la salle fut le régent. Il était assis à une table, vêtu de la redingote verte qu'il mettait le dimanche pour chanter à la messe, ses grandes bottes allongées devant lui, le chapeau haut de forme posé à terre sur le carreau rouge.

– Voilà les nouvelles ! s'écria-t-il.

Et il leva son verre à la santé des arrivants.

La grand-mère parut à la porte du

fond. Elle mit sa main en visière sur son front.

– Ah! c'est toi, migot[1]! fit-elle, ignorant sa belle-fille.

Elle embrassa Pierrou, caressa ses épaules, puis se tourna vers Marie.

– Tu as mis du temps pour venir! gronda-t-elle. Les gendarmes sortent d'ici. Heureusement que Victor m'a envoyé le régent pour savoir quoi leur répondre.

– Je viens quand je peux! répliqua Marie. Je conduis le petit chez Honoré. Puisque vous savez tout, vous comprendrez pourquoi!

– Chez Loubat?...

La surprise se mua en un sourire approbateur.

– Pardi!... Ce n'est pas bête!...

Et, comme si ce jugement valait une récompense, elle s'écria :

– Asseyez-vous! Je vais vous faire une bonne omelette!

Au moment de repartir, le régent était toujours là, l'air taciturne et parlant pour

1. Terme affectueux : mon petit.

lui-même, comme toujours lorsqu'il avait un peu bu.

– Il attend le capitaine pour faire sa partie! Ils me cassent la tête avec leur Napoléon[1]! murmura la grand-mère.

La maison Loubat – habitation de maître, hangars et écuries – occupait tout un côté de la place de Labastide.

Ils entrèrent par un grand portail et débouchèrent dans une cour intérieure fermée par des remises et des écuries.

Un petit homme était en train d'astiquer des harnais installés sur une espèce de chevalet en bois.

– Salut Germain! dit Marie.

L'homme se retourna. Il avait une tête d'oiseau et portait des lunettes au bout de son nez pointu.

– Ah! c'est toi, Marinotte!

– Honoré est là?

– Ils finissent de dîner!

– Reste avec Germain! dit Marie en

1. Mis à la retraite à la chute de l'Empire, les anciens officiers de Napoléon, que l'on surnommait les « demi-solde », demeuraient très attachés à leur ancien chef.

poussant Pierrou par l'épaule. Je reviens tout de suite!

Pierrou demeura planté à côté du bonhomme qui le regarda par-dessus ses lunettes et dit :

– Elle ne change pas, la Marie, toujours aussi raide!

Puis il tourna le dos à Pierrou et reprit son travail.

– Le plus dur, c'est les boucles! dit-il une fois.

Et il cracha à plusieurs reprises sur le cuir avant de le frotter énergiquement.

La cour était vaste et propre, le sol pavé de galets posés de chant, sur lesquels les fers des chevaux devaient lancer des étincelles. On voyait des cyprès dans les jardins voisins. De temps en temps, un vol de pigeons arrivait par-dessus les toits dans la cour. Germain les chassait d'un grand geste du bras en criant : « Chiou! »

Marie de Lartigue et moussu Loubat sortirent ensemble de la maison. Pierrou les observait. Comment avaient-ils pu être comme frère et sœur? Lui, avec ses grosses joues roses, sa moustache blonde et son ventre rebondi sous son gilet fleuri; elle, sèche et noire, vieille et ridée. Les regards, seuls, leur donnaient un air de ressemblance par le contentement qu'ils exprimaient de se trouver ensemble.

– Viens ici! ordonna Marie.

Pierrou s'approcha, son balluchon à la main.

– Salut mon garçon! C'est donc toi, le bandit?

Moussu Loubat posa sa main sur la tête de Pierrou et le secoua :

– Alors, bonne pièce! On veut travailler chez moi? C'est bien, ça! Germain te montrera le lit et l'armoire!

Il se tourna vers Marie.

– Rassure-toi. Ici, il ne risque rien!... Tu peux repartir tranquille.

Ils s'embrassèrent sur les deux joues, puis moussu Loubat se dirigea vers le perron aux trois marches de pierre qui précédait la porte.

Avant de pénétrer dans la maison, il s'appuya à la rambarde de fer et cria :

– Et reviens quand tu veux!

Il y avait deux lits dans l'écurie de part et d'autre du coffre à avoine.

– Voici le tien! dit Germain. Et là, ton armoire! Tu feras attention, les souris s'y plaisent! Tous les jours j'en trouve une ou deux dans mes poches.

– Il n'a pas peur des souris, dit Marie.

Pierrou examinait les lieux. Cet endroit lui plaisait. Il était propre et bien rangé. Germain semblait être un brave type.

– Qu'est-ce qu'il vient faire ici? demanda-t-il en désignant Pierrou.

– Apprendre à servir! Tu le dresseras!

– S'il ne marche pas droit, je lui collerai son nez au milieu de la figure! plaisanta le bonhomme.

Marie partit sur une dernière recommandation : « Et surtout, écoute! »; ce qui signifiait : « Obéis! »

C'était le milieu de l'après-midi. Il faisait chaud. Les pointes des cyprès se balançaient dans l'air bleu.

Pierrou ne savait que faire. Germain ne lui donnait aucun ordre. Il astiquait un mors qui cliquetait entre ses doigts.

Las de rester debout, Pierrou s'assit sur l'une des grosses pierres qui, de part et d'autre, protégeaient les montants de la porte.

– Jamais ça! dit Germain vivement. Ça fait mauvais effet! Si tu es fatigué, prends une fourche et appuie-toi dessus!

Pierrou se dressa comme si la pierre eût été brûlante. Le métier de domestique lui parut soudain plein de difficultés imprévues.

Germain avait repris son travail. Il s'interrompit au bout d'un moment.

– Tu n'entends pas de la musique? fit-il en portant la main à son oreille.

– Non! dit Pierrou.

– Si tu entends de la musique, dis-le-moi! C'est que la sieste sera finie!

La musique? Pierrou s'attendait à un vacarme de tambours et de clairons venant de la ville par-dessus les toits.

Celle qu'il entendit au bout d'un moment était fine et légère. Elle venait de la maison. Presque aussitôt une grosse femme en bonnet blanc parut sur le perron et jeta une grande bassine d'eau dans la cour.

– Voilà! dit Germain. Le patron ne va pas tarder! Nous pouvons atteler!

Au moment de monter en voiture, monsieur Loubat marqua un temps d'arrêt. Il examina Pierrou qui se tenait les bras ballants à quelques pas.

Il fit « Tss!... Tss! tss!... » Cette tenue en « tous les jours » ne lui plaisait pas.

– Apporte la casaque et les bottes, pour voir!

Germain se précipita et revint avec une brassée de vêtements qu'il jeta aux pieds de Pierrou.

– Essaie-moi ça!

C'étaient une sorte de blouse grise à grands parements bleus, une casquette également bleue à visière de cuir et une paire de bottes jaunes.

Pierrou enfila les vêtements et se sentit déguisé en personnage de carnaval.

– Un peu avantageux, dit moussu Loubat. Mais ça ira!... Allons, monte!

Ils traversèrent Labastide au petit trot, salués par des coups de chapeau auxquels moussu Loubat répondait par une inclination de tête. En passant devant le

Cercle du commerce – Pierrou sut que c'était le Cercle du commerce parce que c'était écrit en grandes lettres, au-dessus de la porte –, la voiture ralentit.

Moussu Loubat leva les yeux vers le balcon et les trois fenêtres du premier étage, et répondit au mouvement des rideaux par un large salut du fouet.

Le premier arrêt fut pour la scierie, juste après le pont, à la sortie de la ville. Les suivants furent pour les trois métairies qu'ils visitèrent ce jour-là.

Chaque fois, monsieur Loubat confiait les guides à Pierrou et sautait à terre. Les gens venaient vers lui le béret à la main. Pierrou était trop préoccupé par son rôle d'apprenti cocher pour écouter ce qui se disait. C'était la première fois qu'il avait affaire à un cheval, et il ne savait trop comment s'y prendre. Heureusement que cette bête était douce et d'une patience infinie car la visite durait parfois longtemps.

La rencontre se produisit près de la troisième métairie, la plus éloignée de Labastide.

Le soir tombait. Une longue allée de

platanes partait de la route et conduisait à des bâtiments enfouis dans les arbres.

L'homme était assis au pied du premier platane. Il se dressa brusquement devant la voiture. Le cheval, surpris, fit un écart et monsieur Loubat poussa un juron.

– Là!... Là!... fit l'homme. Excusez, moussu Loubat!

– Je t'avais dit : à la métairie, pas sur la route! Ne restons pas ici.

Pierrou s'était recroquevillé dans sa casaque et baissait le nez, le visage dissimulé sous sa casquette : l'homme, c'était Fageolle, le marchand d'almanachs.

La voiture s'arrêta près d'une grange, aux abords de la métairie.

– Alors? lança monsieur Loubat.

– Tout va bien! dit l'homme. Ceux de Rimont sont bien montés, mais le Cadet de l'auberge leur a parlé, et ils sont redescendus sans rien faire.

– Ceux de Rimont!... Tiens, tiens! Surveille-les et avertis-moi s'ils bougent!...

– Oui, moussu Loubat.

– Tu as parlé au brigadier?

– Pas encore! Il est occupé!

– Et là-haut?...
– Rien!... Du bruit! Ces gens sont malins!...
– Je sais! Ouvre l'œil et tiens-moi au courant!

Pierrou tendait l'oreille tout en se dissimulant de son mieux. Ainsi donc le colporteur espionnait pour le compte de moussu Loubat et des gendarmes. Les deux hommes avaient parlé à mots couverts. Pierrou aurait bien voulu savoir ce qui se passait réellement là-haut.

« Rien! Du bruit! » avait dit Fageolle. Mais Pierrou n'était qu'à demi rassuré.

En dehors de ses sorties en voiture, Pierrou ne quittait pas la cour pavée qu'il avait charge de balayer deux fois par jour. Il dormait dans l'écurie en compagnie de Germain et prenait ses repas dans la fournière[1] où régnait Frasie, une vieille femme chargée de la fabrication du pain et des gros travaux de cuisine.

Germain, Frasie et lui-même étaient

1. Le fournil.

les domestiques du « dehors ». C'est-à-dire qu'ils ne pénétraient jamais dans la maison.

Les domestiques du « dedans » étaient la grosse cuisinière, qui avait la manie de jeter ses eaux sales et ses épluchures dans la cour, et des servantes ou femmes de chambre, dont Pierrou ne sut jamais le nombre exact car il les confondait avec des couturières et des repasseuses qui allaient et venaient.

Quant à Madame et à mademoiselle Lucie, il eut rarement l'occasion de les apercevoir, et toujours de loin, dans le peu de jours qu'il vécut à Labastide.

Sa vie n'était pas désagréable, son travail guère fatigant; il allait et venait constamment, et il voyait beaucoup de monde.

L'activité autour de la maison Loubat était plus grande qu'il ne paraissait à première vue. A côté de la scierie se trouvait un petit bâtiment qu'on appelait la remise. Cette remise était en réalité un magasin où l'on trouvait des sacs de grain, de l'outillage et même des étoffes. Monsieur Loubat n'était pas seulement riche propriétaire terrien et marchand de bois, il fournissait aussi de l'avoine et du froment – lorsque la récolte avait été mauvaise –, des fers de hache ou de pioche et des socs de charrue. Il proposait même, à l'occasion, le drap destiné au costume des futurs mariés. C'était un homme qui n'hésitait pas à « rendre service ». Dans le langage de Labastide, rendre service signifiait prêter de l'argent.

Pierrou découvrit ainsi un petit courant de visiteurs qui se présentaient généralement à la tombée de la nuit et venaient frapper à la porte de derrière.

Du seuil de l'écurie où ils prenaient le frais avant de se coucher, Pierrou et Germain voyaient ces gens se glisser jusqu'au perron en rasant les murs.

– C'est Barnabé, celui de Lestrique, disait Germain. Sa mule est morte la semaine dernière. Il a besoin de sous pour la foire de Castelnau!

Ou bien :

– Celui-là, c'est Elie, le sourd de Sabatier!

Ce sourd de Sabatier était un ambitieux qui voulait marier sa fille à un gendarme. Mais n'importe quelle fille ne peut épouser un gendarme : il faut une dot. Moussu Loubat allait faire l'avance de cette dot.

Pierrou écoutait distraitement. Ce qui se passait à Labastide ne le touchait guère. Sa vraie vie était là-haut. Lorsque le tumulte soulevé par l'histoire des gendarmes et du garde serait apaisé, il pourrait retourner chez lui, dans ses montagnes.

Le dimanche, messe le matin à sept heures et vêpres à trois heures de l'après-midi : c'était la règle pour le personnel.

Une fois, à la sortie des vêpres, Pierrou fut surpris par l'animation qui régnait sur la place. Des promeneurs allaient et venaient sous les platanes. Des familles s'attardaient par groupes devant le Cercle.

Sa surprise fut encore plus grande lorsque, parmi cette petite foule, il aperçut deux promeneurs vêtus de la même redingote verte et coiffés du même chapeau noir haut de forme. Tous deux marchaient raides, la tête bien droite, appuyés sur une forte canne avec laquelle ils frappaient le sol à chaque pas.

L'un des promeneurs était le régent, et l'autre, sans doute, ce capitaine dont avait parlé la grand-mère. Tout le monde les regardait. De temps en temps ils levaient la tête vers le balcon du Cercle, où trois jeunes gens, en uniforme bleu et rouge, avaient l'air de s'amuser beaucoup[1]. Ils tenaient à la main une queue de billard et riaient entre eux en regardant l'agitation sur la place.

Rentré à la maison, Pierrou apprit que ces soldats étaient des officiers du 10e dragons qui, selon Germain, venaient faire des manœuvres dans la région.

1. Les anciens officiers de Napoléon – les demi-solde –, comme le régent et son ami le capitaine, détestaient les nouveaux officiers de l'armée royale.

Chapitre 5

Le jour suivant, le lundi donc, il plut toute la matinée. Un vent froid courbait la pointe des cyprès.

Germain s'occupa, comme tous les jours, à l'éternel briquage des harnais. Assis sur un vieux tabouret au milieu de l'écurie, il répandait autour de lui toutes les pièces du harnachement : collier, selle, licol, brides, mors, ainsi que les diverses boîtes, les brosses et les chiffons dont il se servait pour faire reluire le cuir et étinceler les aciers et les cuivres. On eût dit un étal de brocanteur.

Pierrou l'observait du coin de l'œil et souriait. Il se rappelait l'histoire de la fourche et la recommandation que son vieux compagnon lui avait faite : pour un domestique, rester les bras ballants faisait mauvais effet. Il fallait donner l'impression de se livrer honnêtement à sa besogne. Germain était maître dans cet art. Il s'adonnait avec le plus grand sérieux à un déploiement spectaculaire de fausse activité.

Pierrou se demandait parfois si monsieur Loubat était dupe. Lui, Pierrou, s'occupait de la toilette du cheval et de la propreté de la voiture, et chaque fois qu'ils partaient en tournée moussu Loubat s'arrêtait à quelques pas, examinait le cheval et la jardinière, ou le tilbury[1], selon les jours, et approuvait par de petits hochements de tête.

Aujourd'hui il faisait bon s'attarder dans la tiédeur de l'écurie. Pierrou passa sa matinée à faire la toilette de Pompon, sabots compris, à retirer le crottin sous les pieds du cheval et à pourvoir la litière de paille fraîche, à promener le large balai de fines brindilles de bouleau

1. La jardinière est une voiture rustique; le tilbury est plus élégant.

sur les grosses dalles lavées à grande eau et à enlever les toiles d'araignée qui se formaient entre les solives du plafond, en respectant, bien entendu, les deux nids d'hirondelles accrochés là depuis un temps immémorial.

Avant la fin de la sieste, il lui fallut bien sortir pour nettoyer la cour. L'air devenu plus vif sentait la neige. Pierrou grelottait dans sa rude chemise de lin. Heureusement, le vent qui soufflait fort entre les bâtiments avait balayé toutes les brindilles de foin et de paille contre le mur du fond. Sa besogne en serait facilitée. Il n'avait plus qu'à attendre l'apparition de la cuisinière, cette grosse Rosalie qui ne l'aimait pas. Comme tous les jours, elle jetterait ses épluchures autour du perron et crierait : « Ramasse! Pierrou... »

La porte s'ouvrit. Moussu Loubat parut au haut des marches. Il ne pleuvait plus, mais, saisi par le froid, il enfonça son chapeau sur sa tête et releva le col de la grosse veste de chasse qu'il portait tous les jours.

Il descendit l'escalier de pierre et, levant la tête, il se mit à tourner sur lui-même, le dos cambré, le ventre en avant, examinant le ciel dans toutes les directions par-dessus les toits.

La vieille Frasie parut sur le seuil de la fournière.

– La neige est arrivée! dit-elle.

– Je vois!

– Quand la première reste, c'est qu'elle attend la seconde!

– Je sais! Il est temps!

Moussu Loubat s'approcha de Pierrou et lui mit la main sur l'épaule.

– Pierrou, tu vas aller là-haut. Tu diras à ton père de faire descendre les bêtes et de les rassembler dans la Grande Jasse. Je n'ai pas envie d'être surpris comme l'autre année! Que ton père prenne les hommes qu'il faudra et que toutes les bêtes descendent. Toutes, tu m'entends! Les chevaux aussi! Et le même jour! Jeudi! Tu entends? Jeudi! J'y serai! Toutes les bêtes de là-haut rassemblées dans la Grande Jasse! Jeudi! Là, elles pourront paître encore un peu. L'herbe ne manque pas. A présent, prépare-toi et file!

Pierrou reprit donc le chemin que,

quelques semaines plus tôt, il avait suivi avec sa mère.

Il pleuvinait dans la vallée, et il faisait froid. Cette pluie devait donner là-haut la seconde neige annoncée par Frasie. Rien de bien grave encore. Tous les ans l'hiver s'annonçait, de bonne heure, par ces petites grimaces.

Passé les dernières maisons de Labastide, Pierrou gonfla la poitrine et, le visage levé vers les cimes, respira à pleins poumons l'air vif de la montagne. Il était heureux.

Faire partie de la maison Loubat était un privilège. Il l'avait bien senti aux saluts, chapeau bas, des habitants de Labastide, à l'attitude des gens. Il suffisait de voir avec quel air d'arrogance la cuisinière et les servantes regardaient les domestiques des autres maisons lorsqu'elles traversaient la ville pour se rendre à la messe, le dimanche matin.

Pierrou marchait d'un bon pas et calculait qu'il n'arriverait guère avant la tombée de la nuit.

Bientôt il pénétra dans la forêt et, se sentant désormais chez lui, ne pensa plus qu'à la mission dont moussu Loubat l'avait chargé.

Cette mission lui procurait un sentiment d'importance qu'il n'avait jamais ressenti. Son grand-père, son père et même sa mère allaient écouter ses paroles. Désormais Marie de Lartigue ne serait pas la seule à se prévaloir de l'amitié d'Honoré. Lui, bien sûr, n'oserait pas aller jusqu'à désigner moussu Loubat par son prénom, mais il raconterait leurs courses en voiture et la familiarité qui, forcément, était née entre eux. L'uniforme de cocher, qu'il avait exécré, devenait soudain le signe de son élévation.

Bref, lorsqu'il atteignit les premiers lacets de la vraie montée, Pierrou se sentait plein d'entrain. Mais la vue de la croix de Maury et du chemin des Vieilles-Bordes, puis, un peu plus haut, celle du pas de la Mule lui rappelèrent sa mésaventure. L'inquiétude renaquit en lui.

La nuit comblait déjà le fond de la vallée lorsqu'il arriva en vue du village.

La première personne qu'il aperçut fut Toune, la voisine. Il reconnut sa silhouette, découpée à contre-jour sur le fond de ciel clair que la route montante ouvrait sous la voûte des arbres. Elle tricotait tout en marchant tranquillement. Ses chèvres allaient et venaient d'un bord du chemin à l'autre.

Lorsqu'elle perçut le bruit de son pas, elle sursauta et aussitôt, comme prise de panique, brandit son bâton et lança ses bêtes au galop.

– Toune... Toune! C'est moi!... cria Pierrou.

Elle s'arrêta et se retourna.

– Comme tu m'as fait peur!

– Peur? Pourquoi peur?

– Est-ce que je sais, moi? Tu arrives, là...

Elle l'examinait des pieds à la tête et semblait chercher ce qui avait changé en lui. Les chèvres, arrêtées à quelque distance, les regardaient avec curiosité. Rassurées à présent, elles reprirent leurs vagabondages capricieux.

– Alors? fit Pierrou, qu'est-ce qui se passe ici?

– Hou! là! là! Depuis que tu es parti, il s'en est passé des choses! Les gendarmes tous les jours, chez l'un et chez l'autre: « Où étiez-vous tel jour, à telle heure?

Que faisiez-vous? Est-ce que quelqu'un vous a vu?... »

Pardi! Tout le monde témoignait pour tout le monde! Les gendarmes voyaient bien que les gens se moquaient d'eux. Mais ils notaient tout de même ce qu'on leur disait sur un petit carnet!

« Vous n'auriez pas vu un homme aux cheveux rouges, avec une bande?... »

Les uns avaient vu cet homme. D'autres n'avaient vu personne.

Ceux qui parlaient du rouquin disaient l'avoir rencontré du côté des Loubatières ou du col des Marrous.

Elle rit : « Pourquoi pas sur la Lune! »

A ces endroits-là, le rouquin pouvait être venu de n'importe où et reparti n'importe où! Allez le chercher à présent!

– Et de moi, qu'est-ce qu'ils ont dit?

– De toi?... Rien!... J'étais devant ma maison lorsque les gendarmes sont venus. Ta mère les a reçus sur le pas de la porte. Elle leur a dit qu'elle était pressée parce qu'elle devait descendre à Labastide, voir son fils qui était domestique chez moussu Loubat! « Ah! votre fils est chez monsieur Loubat? » Ils sont repartis sans rien demander d'autre. Et depuis, plus rien! Tout est tranquille à présent!

– Et le Cadet? Personne n'a parlé du Cadet?

– Au début, si. Mais les gendarmes eux-mêmes ont dit que le rouquin qu'ils recherchaient ne pouvait pas être celui de l'auberge d'en bas. Ils avaient leurs renseignements. Le Cadet se trouvait du côté de Lézignan le jour où le garde a été attaqué par cette bande. Parce que... Ah! oui! Tu ne sais pas! C'est ça qu'ils disent : que le garde a été attaqué par une bande, commandée par un rouquin!

Toune éclata de rire.

– Une bande!... Toi, tout seul!...

Pierrou était à la fois soulagé et déçu. Que devenait son exploit? Escamoté! Effacé! Toune elle-même en riait à présent. Il en éprouva quelque dépit.

Toune dut sentir ce qui se passait dans son esprit.

– Et... chez moussu Loubat, la place est bonne? reprit-elle, pour changer de sujet.

-- Pas mauvaise!

Il expliqua qu'il était devenu, en quelque sorte, l'homme de confiance de moussu Loubat et que, justement, moussu Loubat l'envoyait pour organiser la descente des bêtes.

Il fit un geste large, comme si tous les troupeaux disséminés là-haut, sur les estives, devaient se rassembler sous sa main.

– Ah bon! fit Toune, impressionnée. Et c'est pour quand?

– Jeudi. Nous ramènerons toutes les bêtes dans la Grande Jasse.

– Et après?... Tu redescendras?

– Bien sûr!...

Ils montèrent un moment en silence. Tout à coup, ils ne trouvaient plus rien à se dire.

Un instant plus tard, Pierrou s'arrêta brusquement :

– Et les charbonniers? Ils sont toujours là-haut?

– Toujours!

– Les demoiselles ne sont pas allées les voir?

– Lorsque les gardes et les gendarmes fouillent partout, les demoiselles se tiennent tranquilles!

Pas plus que Marie de Lartigue, Toune n'aimait les demoiselles. Pierrou ne fit pas de remarque. Il se dit que le Cadet réglerait la question à son retour du pays bas.

Lorsqu'ils arrivèrent aux maisons, la fenêtre du premier étage était éclairée chez les Lartigue.

– Marie!... Marie! cria Toune à pleine voix, Pierrou arrive!

L'accueil fut celui que Pierrou espérait. On le considérait comme un personnage important.

Il donna ses ordres, laissant entendre que moussu Loubat en avait discuté avec lui avant de prendre sa décision. Son père fit cependant remarquer qu'on aurait pu attendre quelques jours de plus. Après tout, la forêt touchait les estives. En cas de tourmente là-haut, on pouvait pousser les bêtes à l'abri des arbres et descendre de jasse en jasse jusqu'aux étables du village, comme on le faisait tous les ans.

– A moins que ces fichus gardes ne traînent par là! grommela le grand-père.

– Les gardes? s'écria Marie. Vous savez bien ce qu'Honoré en a fait, des gardes! Et des gendarmes!... Des moutons! Nous l'avons vu ici!... Ce n'est pas étonnant! Demandez à Pierrou... Vous pensez, avec ces messieurs qui viennent prendre le café dans le salon! Le sous-préfet, le chef des forestiers, le procureur du roi, que sais-je? Et toutes ces dames avec leurs demoiselles qui jouent du piano avec mademoiselle Lucie. Pierrou peut vous le dire, à présent!... Tu l'as vu, le piano, dans le grand salon, avec le canapé, les fauteuils et la vitrine remplie de tous ces plats d'argent!

Pierrou ne dit ni oui ni non et se contenta de hocher la tête.

La puissance de moussu Loubat lui paraissait encore plus grande ici qu'en bas!

Les ours dorment durant l'hiver, Dieu merci! Mais c'est le temps des loups. Tous les ans il s'en tuait quelques-uns, au chien et au bâton, autour des villages. L'an dernier, un peu après Noël, Pierrou lui-même avait entendu un vieux louvard[1] hurler sur le planol au-dessus de la maison. C'était par un froid si terrible que les arbres éclataient sous le gel. Cela faisait comme des coups de fusil dans la nuit.

Le jour pointait à peine. Pierrou montait depuis deux bonnes heures. De temps en temps, il soufflait un peu et levait les yeux vers les crêtes de Fontfrède qui, à présent, commençaient à se découper en noir sur le ciel plus clair.

Ouf! On a beau avoir des muscles solides et tenir bien en main un gros bâton d'épine noire, plein de nœuds, comment empêcher ces histoires d'ours et de loups de vous venir à la tête lorsque vous marchez seul, pendant des heures, dans la nuit de la forêt?

Il avait été entendu que Picot, des Vieilles-Bordes, et Bertrand, le bègue de Montagagne, le rejoindraient là-haut pour donner un coup de main au berger et à son aide.

1. Loup de grande taille.

Pierrou déboucha sur l'estive avec le grand soleil : un vaste espace bossué, étincelant de gelée blanche qui fondait en rosée, avec des traînées de neige dans les creux, que l'ombre faisait paraître bleuâtres.

Du haut d'une éminence, il aperçut, très loin, les silhouettes noires des chevaux qui se découpaient sur le ciel gris. Il ne vit pas tout de suite l'orry[1] parce que celui-ci était accolé à une butte et qu'il se confondait avec l'amas de rochers qui avait fourni les pierres dont il était construit.

Par contre, Pierrou aperçut la fumée et sentit l'odeur. En fait, c'était la senteur familière de toutes les maisons du village : l'odeur du fumier, du lait caillé, du feu de bois avec, flottant par-dessus, une grosse haleine de soupe au jambon qui fit frémir ses narines. A peine eut-il quitté l'ombre de la forêt que les chiens décelèrent sa présence et s'élancèrent vers lui.

Il y avait quatre labris[2] hargneux que

1. Cabane de berger.
2. Chiens de berger, de petite taille, au poil frisé.

Pierrou ne craignait pas, mais aussi deux redoutables loubatiers[1].

La meute arrivait en hurlant. Pierrou serra plus fort son bâton, mais il n'eut pas à s'en servir. Un brusque coup de sifflet arrêta pile les assaillants. Un second sifflement, aussi impérieux, les dispersa. Les chiens retournèrent vers la cabane, la queue basse, en faisant un large détour.

Bertrand et Picot étaient déjà là. Le berger – qu'on appelait Sannas parce qu'il n'avait pas de nez – ne disposait que de deux écuelles. Pierrou dut attendre que les premiers arrivés eussent avalé leur soupe pour déjeuner à son tour. Un peu à l'écart, l'aide-berger, un garçon à l'air farouche, à peu près de son âge, le regardait avec curiosité.

Le repas terminé, Sannas donna ses ordres avec cette voix bizarre, presque incompréhensible, due à son infirmité.

En fait, il ne s'agissait pas d'une infirmité mais d'une blessure. C'était sous

1. Chiens robustes, dressés au combat contre les loups.

Napoléon. A vingt ans, pour ne pas partir à la guerre, le garçon n'avait rien trouvé de mieux que de s'envoyer un coup de fusil dans la tête. Mais il s'était raté. La charge n'avait emporté que son nez. Le vieux moussu Loubat avait pris le blessé sous sa protection. Et, depuis, Sannas était resté au service de la famille.

Sannas montra dans quelle direction on trouverait d'un côté les moutons, de l'autre les vaches et les génisses et, plus loin encore, les chevaux. Pendant que ses aides feraient venir les bêtes .éloignées, lui rassemblerait les brebis et les vaches laitières qui disposaient des meilleures pâtures autour de l'orry.

Bertrand s'éloigna du côté des moutons. Picot et Pierrou escaladèrent une barre rocheuse qui bornait leur vue et, de là-haut, découvrirent le troupeau des vaches, dans un petit vallon dont le versant exposé au nord était couvert de neige.

Les deux labris qui les avaient suivis attendaient à quelque distance. Picot n'eut qu'à leur donner un ordre. Ils s'élancèrent, l'un par la droite, l'autre par la gauche, enfermant les bêtes

dans un grand cercle. « Bèni! Bèni! Bèni! » appela Picot, et aussitôt le troupeau tout entier se mit en marche vers lui.
– Les chevaux sont derrière cette colline, dit Picot.

Pierrou escalada la hauteur d'où il aperçut les chevaux, au-delà d'un torrent qui, grossi par les pluies et la fonte des premières neiges, bondissait rageusement à travers la prairie. Il comprit tout de suite qu'il aurait du mal à ramener les bêtes de ce côté. Passe encore pour les juments qui sont lourdes et solidement plantées. Mais les poulains! Leurs longues jambes fragiles pouvaient se briser comme du verre contre les rochers.

Le plus simple lui parut être de rassembler les bêtes et de les lancer au galop toutes ensemble avec l'espoir que la troupe franchirait l'eau d'un seul bond.

Eh bien, non! L'idée était mauvaise. Les chevaux stoppèrent sur le bord du torrent, comme devant un mur, et se dispersèrent à droite et à gauche. Pierrou dut courir pour les rassembler à nouveau et refaire la même tentative, deux fois, trois fois. Peine perdue! Les bêtes à présent le fuyaient. Pris de panique, les poulains galopaient en cercle comme des fous. Les juments s'arrêtaient à quelque distance et le regardaient fixement d'un air mauvais, comme prêtes à se lancer à l'attaque. Le ciel se couvrait. Le temps change vite en montagne. Le vent s'était levé et un petit grésil glacé commençait à cingler le visage.

Quelle heure pouvait-il être? Le soleil avait disparu. Il devait être très tard. Les autres allaient l'attendre et se moquer de lui.

Soudain des cris furieux retentirent. C'était l'aide-berger. Il gesticulait sur le ciel en poussant des clameurs que le vent emportait.

– Qu'est-ce que tu attends?... Tu ne vois pas le temps?

Pierrou fit un geste d'impuissance. L'autre dévala la pente, franchit le torrent en sautant de pierre en pierre et s'approcha des chevaux. Il leur parlait doucement, les mains tendues comme s'il leur offrait des présents. Les juments le regardaient approcher sans faire un mouvement, seuls les poulains prenaient de petites mines effarouchées.

A la fin, le garçon se plaça entre deux juments, posa ses bras à droite et à gauche sur leurs encolures et le groupe se mit en marche, droit sur le torrent. Il s'arrêta au milieu du courant, lui au sec sur un rocher et les deux juments dans l'eau jusqu'au ventre, formant barrage. Aussitôt les autres bêtes, poulains en tête, s'avancèrent en amont de ce barrage de protection et franchirent l'eau sans la moindre appréhension.

Pierrou assista à cette scène sans souffler mot et suivit de loin le troupeau lorsque celui-ci se mit en route. Il était furieux contre lui-même. Du haut d'une crête il vit que le vaste plateau balayé par la bise était désert. Les autres troupeaux étaient déjà descendus à travers la forêt.

Arrivé auprès de l'orry, l'aide-berger chargea des sacs sur le dos des juments. Puis, sans se préoccuper de Pierrou, il sauta sur le dos d'une des bêtes et dirigea la troupe droit sur la lisière des bois.

Humilié, Pierrou suivit ce convoi qu'il avait rêvé de conduire et qui se passait parfaitement de lui.

Chapitre 6

Les bêtes marchaient en file indienne sur l'étroit sentier en forte pente. Cela faisait un très long convoi, composé, à l'avant, des vaches, suivies des moutons et des brebis. Derrière venaient les chevaux.

Pierrou traînait la jambe. Il s'était accroché à la crinière d'une jument paisible qui avait l'air d'apprécier sa compagnie. Monté sur la bête de tête, l'aide-berger réglait la marche.

Le pas des chevaux est plus rapide que celui des vaches, lui-même plus rapide que celui des moutons. Pierrou se disait que le convoi était mal ordonné. Fatalement les chevaux rattraperaient les moutons et voudraient les dépasser. Cela ferait une jolie pagaille!

Ah! s'il avait pu prendre la direction des opérations, les choses ne se seraient pas passées ainsi!...

Mais que faire à présent? Il ne pouvait que suivre le mouvement et, à demi somnolent, ruminer sa mauvaise humeur.

Des cris le réveillèrent en sursaut.

– Halte!... Halte!

Le convoi avait atteint la clairière de la Grande Jasse. Comme Pierrou l'avait prévu, les chevaux avaient pénétré dans le troupeau qui les précédait et avaient rejeté les moutons de part et d'autre, dans les bois. Les vaches aussi étaient là, refluant vers l'arrière.

Que se passait-il? Harcelé par les cris des hommes et les aboiements des chiens, le convoi se repliait sur lui-même. Le berger, Picot et Bertrand se démenaient, le bâton levé, au milieu des bêtes qui couraient dans tous les sens!

– Halte!... Halte!

Pierrou aperçut, tout au bout de la jasse, une rangée d'hommes qui, les bras en croix, avançaient lentement, fermant le passage et repoussant le troupeau dans la clairière. Ils étaient une bonne dizaine. Lorsqu'ils furent plus près, Pierrou reconnut les uniformes : c'étaient des gardes forestiers et des gendarmes.

Picot et Bertrand, repoussant les bêtes affolées, s'ouvraient un passage à grands coups de bâton et interpellaient les gardes :

– Qu'est-ce qui vous prend? hurlait Picot. Vous vous amusez ou quoi?

– Vous êtes l'un des propriétaires? demanda le chef des gardes.

– Parfaitement!

– Prenez son nom et celui des autres!

– Mon nom? Et pourquoi mon nom?

L'homme ne répondit pas. Il se tourna vers les autres gardes :

– Vérifiez si les bêtes sont marquées! Si elles ne le sont pas, notez-le! Notez également qu'elles ne portent pas de clochettes! Vous ne savez pas que le port des clochettes est obligatoire?

– Obligatoire, les clochettes!... Encore une de vos inventions! Vous savez combien coûte une clochette?
– Je ne veux pas le savoir! C'est vous que ça regarde!

Cependant, peu à peu, l'agitation des bêtes s'apaisait. Trop à l'étroit sur la jasse, vaches et moutons s'étaient réfugiés dans la forêt. Les brebis broutaient avidement les pousses encores tendres. Quelques vaches commençaient à ruminer, immobiles sous les branches basses. D'autres s'étaient enfoncées profondément sous les arbres.
– Et allez donc!... Des bêtes en plein bois! Une fois de plus! grondait le garde. Mais cette fois vous ne coupez pas à l'amende[1]!
– Ça c'est trop fort! C'est vous qui empêchez les bêtes de passer!
– Non! non! non!... Toujours la même chose! Vous prenez deux fois plus de bêtes que vous ne pouvez en nourrir! Et voilà ce qui arrive!

On entendait un grand piétinement

1. Le code forestier interdisait le pacage dans les forêts.

dans le sous-bois et des craquements de branches de tous côtés.

– Pour ces dégâts aussi, il vous faudra payer!

Dissimulé dans l'ombre d'un sapin, Pierrou observait la scène, atterré.

Ce n'était pas un hasard si gardes et gendarmes attendaient les troupeaux à leur descente sur la Grande Jasse. Qui les avait prévenus? Et d'abord, qui était au courant des ordres donnés par moussu Loubat?

Soudain les aboiements des chiens couvrirent la rumeur des troupeaux. Sortant des bois, un groupe de silhouettes apparut à l'autre extrémité de la clairière. A son chapeau et à ses guêtres jaunes, Pierrou reconnut moussu Loubat. Marchant du même pas, Toine de Lartigue et Jules de France se tenaient à sa droite et à sa gauche. Derrière venaient trois garçons de ferme brandissant de forts bâtons avec lesquels ils faisaient des moulinets.

Pierrou crut d'abord que ces rudes gaillards allaient attaquer les gardes. Mais non, ils les interpellaient familièrement et moussu Loubat lui-même paraissait surpris de trouver tant de gens à cet endroit.

– Que se passe-t-il? s'écria-t-il de loin.

Affable, il serra la main à tout le monde, aux gardes et aux gendarmes comme à Bertrand et à Picot. Ceux-ci, encore effarés et tout rouges, accueillirent les arrivants avec un grand soulagement.

– Que se passe-t-il, monsieur Astrié? répéta moussu Loubat.

– J'ai ordre d'arrêter ce troupeau, monsieur Loubat, et de le garder!

– Comment cela, de le garder?

– De le garder sur place! En surveillance, si vous voulez! Demandez au brigadier!

– C'est exact! dit le brigadier, jusqu'à ce que l'enquête soit terminée.

– Quelle enquête?

– Un de mes hommes a été attaqué et jeté dans un ravin. Les gendarmes ont été assaillis à coups de pierres.

– Exact! répéta le brigadier. Ce n'était pas la première fois! Il faut en finir avec ces attentats!

– Et savez-vous qui...? demanda moussu Loubat.

– L'enquête nous l'apprendra bientôt!
– Des bandits, en tout cas! dit le gendarme.
– Pas des gens d'ici, tout de même!
– Je n'en jurerais pas! Ce qui est sûr, c'est qu'ils ont des complices par ici!
– Vous m'étonnez, monsieur Astrié! Vous m'étonnez!
– Peut-être, monsieur Loubat, mais nous avons des ordres. Les coupables et leurs complices doivent être punis!

Moussu Loubat hochait la tête. Il paraissait embarrassé et parcourait du regard la cohue des bêtes qui emplissaient la clairière.

– Des ordres!... Des ordres!... répétait-il. Vous arrêtez! Bon! Mais ces bêtes ne peuvent pas rester là indéfiniment! Vous devez comprendre cela, monsieur Astrié!
– Je ne peux pas faire autre chose, monsieur Loubat. Jusqu'au procès... Peut-être que ce ne sera pas long!
– Si je comprends bien, vous gardez ces bêtes en otage. C'est ça?
– Si vous voulez!
– Mais tant de bêtes, monsieur Astrié! Tant de bêtes! Et les miennes dans ce

troupeau! Moi, je ne suis pour rien dans votre affaire!

– Les vôtres, vous pouvez les retirer, monsieur Loubat. Je n'ai pas d'ordres pour les vôtres!

Moussu Loubat parut réfléchir. Il se tourna vers Jules et Toine.

– Qu'est-ce que vous en pensez, vous autres?

– Pardi! Si vos bêtes partaient, les nôtres auraient plus à manger, c'est sûr! dit Jules de France.

– Alors, tu penses...

Il se tourna vers le père de Pierrou.

– Toi aussi, Toine? Je fais descendre mes bêtes?

– Je crois que ce serait le mieux, moussu Loubat! Pour tout le monde!

– Eh bien, entendu! Je ferai comme vous voulez!

Il fit signe à ses hommes et distribua ses ordres.

– Soyez tranquilles! dit-il à voix basse à Toine et à Jules. Nous allons arranger ça!

Pierrou courut vers son père.

Bertrand et Picot rejoignirent aussi Toine de Lartigue et Jules de France.

Tous les cinq se retirèrent sur la lisière du bois, devant la vieille cabane que les bergers utilisaient durant les quelques jours où les bêtes faisaient halte dans la Grande Jasse à leur montée vers les estives ou à leur descente.

A coups de bâtons, avec des cris et des grands gestes des bras, les hommes de moussu Loubat eurent vite fait de trier les bêtes et de rassembler celles qui devaient descendre dans la plaine.

Après leur départ, le silence et le calme furent tels que Pierrou croyait avoir rêvé. Ses compagnons demeuraient pensifs. Ils regardaient les gardes qui, groupés à l'autre bout de la jasse, gardaient le passage du côté de la descente.

– Il a parlé d'amende, grogna Picot, vous avez entendu?

– Parce qu'il a trouvé les bêtes dans les bois! C'est ce qu'ils font toujours à présent! Pour un oui, pour un non: des amendes!

– Tu crois qu'il faudra payer?

– Qu'est-ce que j'en sais, moi!

– Et les marques!... Et les clochettes!...
– Ils ne savent qu'inventer pour nous embêter!
– Ils nous accusent de prendre trop de bêtes!
– Je voudrais bien les y voir!

Toine de Lartigue haussa les épaules. Ces bavardages l'agaçaient. A quoi bon tant de paroles?
– Moussu Loubat arrangera ça! Il l'a dit! Alors...

Sur ces versants à forte pente, les maigres champs de pommes de terre et de blé noir ne pouvaient s'établir que sur d'étroites terrasses que les violents orages abattaient souvent. Il fallait alors non seulement reconstruire les murettes, mais aussi remonter la terre à dos d'homme. C'était un travail très pénible et toujours recommencé. Ces terres ingrates permettaient tout juste de vivre.

Afin de se procurer l'argent nécessaire pour payer les impôts et faire les achats indispensables, les montagnards ne pouvaient compter que sur la vente du bois prélevé clandestinement dans la forêt et sur celle des produits de l'élevage. Mais les gens de la montagne étaient trop pauvres pour acheter beaucoup de bêtes. Alors, ils passaient des accords avec les gros propriétaires de la plaine : moyennant un prix convenu par tête de bétail, ceux-ci leur confiaient leurs troupeaux pendant la belle saison. Tout le monde trouvait son compte à cet arrangement. Mais, à la fin, les animaux finissaient par être tellement nombreux que les pâturages ne pouvaient plus les nourrir. Les bêtes étaient contraintes d'aller chercher leur provende dans la forêt.

Malheureusement le pacage du bétail était catastrophique pour la forêt. Les tendres bourgeons et les feuilles nouvelles dévorées par les vaches, les jeunes pousses broutées au ras du sol par les brebis, l'écorce fraîche rongée par les chèvres : la forêt dépérissait lentement. C'est pourquoi l'Etat avait fini par prononcer toutes sortes d'interdictions assorties de fortes amendes à l'encontre des contrevenants.

Pour les paysans, l'Etat, c'était les gardes forestiers, les gendarmes, les juges, le sous-préfet de Saint-Girons, le préfet de Foix! Des autorités!... C'est-à-dire des tracasseries!

Avec surprise et colère, les gens de la montagne avaient appris que la forêt ne leur appartenait pas.

Dans les vallées voisines de violentes bagarres avaient déjà opposé gardes et gendarmes aux paysans révoltés. Ici, grâce à la protection de moussu Loubat, les choses ne s'étaient pas trop mal passées jusqu'à présent. Mais les autorités devaient avoir des espions dans la montagne, elles savaient ce qui se passait, ici comme ailleurs, pour le bois et pour les troupeaux. Les gendarmes et le garde avaient raconté à leur manière l'« attentat » de Pierrou, et c'était un bon prétexte pour intervenir et faire respecter la loi. Aujourd'hui, c'était la guerre ouverte. Jamais les hommes du village ne s'étaient trouvés confrontés à une situation pareille.

– Qu'est-ce qu'on va faire? demanda Picot.

Tous demeuraient pensifs. Que pouvait-on faire?

Sur la Grande Jasse tout était calme à

présent. Les bêtes paissaient tranquillement l'herbe abondante.

Chacun savait que les réserves de foin sec dans les granges étaient tout juste suffisantes pour nourrir les bêtes durant le long hiver. Chaque jour de pâture en plein air, c'était autant de brassées de fourrage épargnées.

Il fut décidé que Bertrand resterait veiller cette première nuit. Ensuite, à tour de rôle, les hommes du village et des hameaux assureraient la garde des bêtes.

Chapitre 7

L'affaire de la Grande Jasse avait fait grand bruit à travers la montagne. Les gens du village et des hameaux voisins, propriétaires des troupeaux, venaient aux nouvelles et discutaient entre eux. Ils parlaient beaucoup mais, au fond, n'étaient pas trop inquiets : ils étaient sûrs que moussu Loubat les tirerait d'affaire. En attendant, le troupeau n'avait qu'à paître tranquillement sur la Grande Jasse.

Pierrou, lui, n'était pas très rassuré et Marie de Lartigue non plus. Dès son retour à la maison, elle l'avait expédié avec ses trois vaches et ses brebis sur le planol, avec ordre de rester caché là-haut toute la journée et de ne redescendre qu'à la nuit tombée.

Le beau temps était revenu. Sur le planol désert, Pierrou s'ennuyait. Il regrettait l'animation de la maison Loubat et ses promenades en voiture autour de Labastide. Heureusement, Toune venait lui tenir compagnie de temps en temps. Leurs relations étaient beaucoup plus amicales qu'autrefois. Pierrou découvrit avec surprise que la compagnie de sa voisine, à qui jusqu'ici il n'avait prêté aucune attention, n'était pas désagréable. Et puis Toune était le seul témoin de son « exploit » et, en quelque sorte, sa complice. Cela créait des liens. D'ailleurs, sa présence était légère et son humeur aussi fantasque que celle de ses chèvres. Elle venait, ou ne venait pas, sur le planol selon sa fantaisie ou celle de ses bêtes qui aimaient vagabonder et l'entraînaient parfois fort loin du village, sur les sentiers aux talus abrupts que les chèvres affectionnaient.

Lorsque Toune réapparaissait après quelques jours d'absence, elle apportait des nouvelles que Pierrou écoutait avec avidité.

Le tocsin avait sonné dans la vallée de Massat. Des affiches avaient été clouées sur des arbres et sur les portes des granges isolées. Ces affiches proféraient des menaces de mort et annonçaient des incendies. Les demoiselles avaient attaqué un campement de bûcherons du côté d'Oust. La bagarre au bâton et à la hache avait fait de nombreux blessés. On disait que le sous-préfet de Saint-Girons avait fait appeler la troupe.

A propos de troupe, le régent et son ami le capitaine en avaient fait de belles! Ils avaient cherché dispute à de jeunes officiers sur la place de Labastide. Le bâton levé, ils les avaient traités de blancs-becs et menacés d'une bonne correction. On ne savait pas exactement pourquoi ils s'étaient querellés. Certains disaient que c'était à cause de Napoléon. Toune, voyant que Pierrou était intéressé, cherchait quelles nouvelles elle pourrait encore annoncer. Ah! les oussaillés étaient de retour. On les avait vus faire danser leurs ours à la foire de Castelnau.

Quoi encore?

– Le Cadet? demanda Pierrou.

Le Cadet était, paraît-il, revenu de sa tournée dans le pays bas. Il n'était pas monté au village depuis son retour.

– Mais je sais qu'il circule. On l'a vu du côté de Rimont, ajouta Toune en baissant la voix.

Pierrou pensa aussitôt aux demoiselles avec qui le Cadet avait passé un accord.

– Ah oui?... fit-il, indécis.

– Oui! répéta-t-elle, les lèvres pincées.

Tête de mule, elle n'en dirait pas plus!

– Et sur la jasse? reprit Pierrou.

Oh! sur la jasse, tout allait bien. Certes les gardes et les gendarmes surveillaient les troupeaux, mais, comme tout le monde était d'accord pour les laisser paître en liberté le plus longtemps possible, il ne se passait rien.

A tour de rôle les différents propriétaires venaient passer quelques jours dans la cabane. Ils trayaient les vaches et fabriquaient les fromages, tout comme l'aurait fait le berger en titre.

Les gardes et les gendarmes, eux aussi, se succédaient. Comme ils n'avaient rien d'autre à faire qu'à regarder, ils trouvaient le temps long.

Picot, qui aimait bavarder, n'avait pas tardé à lier conversation avec eux. Tout compte fait, ces gens n'étaient pas des sauvages. Un jour d'orage, il les avait cordialement invités à venir se mettre à l'abri dans la cabane. Et, tout bonnement, ils avaient accepté!

Le Cadet réapparut un soir, au cours d'une veillée, chez Lespugne.

Lespugne était à la fois le charron, le maréchal-ferrant, le fossoyeur et le guérisseur du village. Il était réputé de caractère brusque. Mais comme, un jour ou l'autre, chacun avait besoin de ses services, on lui faisait bonne figure.

Il était du même âge que Marie de Lartigue. Ils avaient fait leur première communion ensemble. Mais Marie ne l'aimait pas. A plusieurs reprises elle avait eu des prises de bec avec lui. Toujours pour la même raison : il détestait les Loubat et laissait entendre qu'il avait à régler un vieux compte avec eux. On ne sut jamais quel était ce compte. C'est lui qui avait donné à moussu Loubat le surnom de Nono.

C'est chez lui qu'avait toujours lieu la première veillée du village, à la fin de l'été. Tout le monde était invité, mais il notait soigneusement qui venait et qui ne venait pas. Comme on le soupçonnait d'être un peu jeteur de sort, chacun prenait garde de ne pas attirer son attention.

C'était un samedi. Marie de Lartigue envoya Pierrou représenter la famille à cette veillée.

Lorsque Pierrou arriva, la forge était déjà pleine de monde. Les gens du village étaient venus en voisins, mais les plus nombreux étaient ceux des hameaux. Comme le temps était beau, tous les chemins étaient ouverts et ils en avaient profité pour venir payer leurs dettes de l'année. Ils ne se donnaient pas le mot mais, tous les ans, les choses se passaient ainsi.

Lespugne avait allumé le foyer de sa forge et les jeunes faisaient griller des châtaignes encore fraîches. Tout le monde riait lorsqu'elles éclataient.

Toune était là, parmi les garçons et les

filles du village. Les vieux étaient assis devant la porte, sur les grosses pierres qui servaient de banc contre le mur. De temps en temps ils se passaient une gourde et buvaient à la régalade.

Le Cadet arriva au moment où, déjà, certains commençaient à bâiller. Il n'était pas seul. Un homme l'accompagnait. A peu près de sa taille, mais plus sec, très brun et coiffé d'un béret tiré en pointe sur les yeux.

Pierrou le reconnut lorsque, sur les pas du Cadet, il franchit le seuil de la forge : c'était le chef des demoiselles de Rimont.

Les autres aussi avaient dû le reconnaître. Les vieux entrèrent dans la forge.

Une chandelle éclairait le coin d'établi où Lespugne faisait les comptes et recevait les sous que, l'un après l'autre, ses clients lui apportaient.

Tout de suite, le ton de la veillée changea et Pierrou comprit soudain que tout le monde attendait ce moment. Sauf lui. Tout le village était au courant de ce qui se préparait. Excepté les Lartigue : on se méfiait d'eux.

Pierrou surprit le regard de Toune fixé sur lui. Elle aussi savait. Elle ne lui avait rien dit. Se méfiait-elle aussi de lui?

Que faire? Pierrou fut tenté de rentrer à la maison. Mais déjà une discussion éclatait qui retint l'attention de tous.

– Pas d'accord! s'exclamait le Cadet. Ce n'est pas le moment!

– Avec toi, ce n'est jamais le moment!... gronda celui de Rimont.

– Je sais! dit le Cadet. Mais Lespugne t'expliquera et les autres aussi. Les bêtes sont bien là où elles sont. Il faut qu'elles restent sur la jasse le plus longtemps possible.

– Je ne te parle pas des bêtes! Je te parle des charbonniers! Ça ne peut pas durer. Je t'avais prévenu!

– Oui! Mais si nous attaquons les charbonniers, ça va faire du vilain!... C'est nous qui serons accusés tout de suite! Ce sera un bon prétexte! Pour le coup, le troupeau ne sera plus surveillé, il sera saisi. SAISI : tu comprends? Et comme personne ne pourra payer les amendes, les bêtes seront vendues. Les maquignons d'en bas n'attendent que ça, tu peux me croire!

Il y eut un silence.

– Il a raison! dit le forgeron. Nous avons déjà sur le dos cette accusation du garde et des gendarmes. Ils sont à cran!

– Et alors! s'écria le petit homme noir, vous allez laisser ces charbonniers là-haut, sans rien faire?

– J'ai idée qu'en s'y prenant bien, on pourrait tout arranger, dit le Cadet.

– Comment cela?

Les hommes se groupèrent autour de l'établi. Pierrou n'osa pas faire cercle avec eux. Toune l'appelait devant la porte. Il alla rejoindre les autres enfants qui parlaient d'organiser une partie de clugne[1].

Le Cadet n'arriva à la maison que le lendemain sur le coup de midi. Sans doute avait-il dormi chez le forgeron. En tout cas, pas sur la paille d'une grange, comme il le faisait souvent, car il était tout propre et rasé de frais.

Personne ne lui posa de questions. On était habitué à ses manières et on savait

1. Cachette.

qu'il n'aimait pas qu'on s'occupe de ses affaires.

Marie l'invita à déjeuner. Il accepta sans façon. On parla de ses voyages. Il avait pas mal roulé ces derniers temps. Tout allait bien.

Ici aussi tout allait bien. On lui raconta l'affaire de la Grande Jasse et l'intervention de moussu Loubat. Tout était calme à présent. On pouvait attendre tranquillement la venue de l'hiver.

Comme c'était étrange! Tout le monde mentait, Pierrou le savait bien. Sa mère feignait d'être rassurée et le Cadet ne fit pas la moindre allusion à ce qui s'était dit à la veillée d'hier.

Lorsqu'il se leva de table en refermant son couteau, le Cadet demanda si Pierrou pouvait descendre avec lui à l'auberge. D'abord sa grand-mère serait heureuse de le voir, et puis il avait besoin d'un aide pour graisser ses charrettes. Aujourd'hui c'était dimanche. Ils feraient donc ce travail demain matin et Pierrou remonterait à sa convenance.

Ce fut le grand-père qui donna l'autorisation. Pierrou pouvait partir tout de suite et rentrer quand il voudrait. Il se chargerait lui-même de le remplacer sur le planol.

Sur l'ordre de sa mère, Pierrou enfila ses habits du dimanche.

– Je veux que tu sois propre pour aller voir ta grand-mère!

Mais elle ajouta pour elle-même :

– Propre ou pas propre, elle trouvera à redire, c'est sûr!

Pierrou, lui, pensait à la tête que ferait Toune lorsqu'elle se trouverait nez à nez avec son grand-père sur le planol.

Le graissage des charrettes n'était qu'un prétexte. A peine passé le coin de la maison, le Cadet n'y alla pas par quatre chemins :

– Nous allons jouer un tour à moussu Loubat, dit-il. Ta mère n'aimerait pas ça. Mais je veux que toi tu voies comment les choses peuvent se passer!

Pierrou n'osa pas poser de questions.

Ils marchaient d'un bon pas et arrivèrent à l'auberge assez tôt dans la soirée.

Pierrou eut la surprise de trouver là Lespugne, le forgeron, assis dans la salle en compagnie de quelques paysans.

Sa grand-mère lui fit fête, trouva qu'il avait grandi et grommela que sa mère n'avait pas beaucoup d'idée : l'habiller en dimanche pour le travail qu'ils avaient à faire!

Quel travail? Quel qu'il fût, ni le Cadet ni Lespugne ne semblaient pressés de le commencer. Ils s'assirent à la table des paysans et entamèrent une partie de cartes.

Un peu avant la nuit, les clients partis, la grand-mère appela de la cuisine et dit que le dîner était prêt.

– Attendons une minute. Ils ne tarderont pas! dit le Cadet.

Presque aussitôt on frappa à la porte. C'était l'homme de Rimont, accompagné d'un autre homme moustachu, aussi noir et aussi sec que lui, et d'un garçon maigre et blond qui avait l'air d'une fille.

– Tu as apporté ta musique? demanda le Cadet.

– Je l'ai là! fit le garçon en frappant la poche de sa veste.

Pierrou se demandait ce que tout cela signifiait. Bien sûr, dès l'apparition des gens de Rimont, il avait pensé à une expédition des demoiselles. Mais une expédition contre qui? Le Cadet avait parlé de moussu Loubat. Allait-on faire un charivari devant sa maison de Labastide? Avec six personnes seulement?... Bizarre!

Le Cadet se leva :

– Je vais sortir la mule! dit-il. Tout est prêt!

Ceux de Rimont remercièrent la grand-mère et lui souhaitèrent bonne nuit.

Une fois franchi le portail de l'auberge, ils prirent à gauche la sente charretière qui menait dans les bois. Pierrou sut alors qu'on n'allait pas à Labastide, mais dans la montagne.

Etait-ce là une de ces fameuses expéditions des demoiselles? Six hommes, lui compris, et une mule? Pas un fusil, pas un sabre, pas même un bâton? Et pas le moindre déguisement?

La montée était rude. Les hommes ne soufflaient mot. En tête marchait le Cadet, à la bride de la mule, traçant le chemin. Pierrou, le dernier de la file, traînait la jambe. Il avait sommeil. Les hommes lui avaient fait boire un verre de vin qu'il avait trouvé fort mauvais. Il n'était pas habitué à cette boisson. On ne buvait pas de vin chez les Lartigue.

La nuit, qui était noire au fond de la vallée, devenait de plus en plus claire à mesure qu'ils montaient. Lorsqu'ils arrivèrent à l'orée supérieure de la forêt, ils débouchèrent sur une clairière qui occupait un vaste replat où flottaient, au ras de l'herbe, de petites écharpes de brume blanche que la lune illuminait.

Le Cadet avait arrêté sa mule dans l'ombre des derniers arbres.

– Ils sont en train de souper! Bien tranquilles!

Il rit doucement et enleva les deux sacs que la mule portait sur son dos.

Pierrou comprit qu'ils étaient arrivés sur l'aire où les charbonniers travaillaient. Sur l'autre bord de la clairière, il ne vit d'abord que trois meules, bien rondes, comme des toupies, puis il distingua la cabane de rondins et, devant, une table à laquelle quatre ou cinq silhouettes étaient assises.

Autour de lui, les hommes déjà s'affairaient. Etait-il donc le seul à ne pas savoir ce qui allait se passer?

– Enfile ça! dit le Cadet en lui jetant une boule d'étoffe, rude au toucher. C'était la fameuse chemise blanche des demoiselles. Pierrou l'enfila par-dessus ses vêtements.

– Monte sur la mule et tiens-toi bien raide, le bras levé, comme ceci, et la tête immobile.

Pierrou s'exécuta.

Les autres, et le Cadet lui-même, revêtirent de grands manteaux de berger de couleur brune.

– Serrez la ceinture par-dessus et rabattez le capuchon! souffla le Cadet.

Il retira du sac une pièce d'étoffe blanche qu'il déplia et étendit sur l'herbe. C'était un drap. Puis il s'adressa au jeune de Rimont :

– Toi, tu marcheras devant. Nous quatre, on prend chacun un coin du drap et on te suit. Pierrou viendra derrière sur la mule. En sortant des arbres, tu commences ta musique! Pas un pas plus vite que l'autre! Nous faisons le tour des meules et nous revenons ici. Et attention! Pas un mot, quoi qu'ils disent!

– Hum!... grogna celui de Rimont, sceptique.

– Nous verrons bien! dit le Cadet. En avant!

Pauvres charbonniers! Quel saisissement! Ils perçurent soudain un air de flûte et, dans la clarté de la pleine lune, ils virent apparaître un moine noir, suivi de quatre autres moines noirs portant un drap blanc. Derrière, montée sur une mule, venait une dame blanche qui, le bras tendu, semblait donner un ordre.

Le cortège, émergeant à peine du brouillard, marchait lentement à travers la clairière, droit sur eux. Ils le virent passer devant leur cabane, faire le tour des meules, passer de nouveau devant eux. Les moines marchaient la tête baissée, mais la dame blanche, le visage sévère, désignait toujours le lointain de son bras tendu. Et son geste signifiait : partez!

Pierrou, lui, vit, alignée debout contre la table, toute la famille du charbonnier, le père, la mère, un garçon à peu près de son âge et une fille portant un bébé sur son bras. Effarés, ils regardaient passer le cortège, sans bouger, sans dire un mot, comme paralysés.

Lorsqu'ils furent de nouveau sous les arbres, le Cadet imposa encore le silence. Les charbonniers n'avaient pas bougé et ils regardaient toujours dans leur direction.

Sur le chemin du retour, les hommes demeurèrent un long moment silencieux.

– Qu'est-ce qu'ils peuvent bien penser, en ce moment? demanda tout à coup celui de Rimont.

– Je ne sais pas, dit le Cadet. Qu'est-ce que tu penserais, toi?

Pierrou se disait que, lui, il aurait tremblé de peur! Ses compagnons se taisaient. Tous étaient pensifs, comme si leur mascarade les avait impressionnés eux-mêmes.

– Tu crois que ça suffira? reprit celui de Rimont.

– Je le saurai demain matin, dit le Cadet. Je viendrai faire un tour de ce côté!

Pierrou eut des nouvelles par Toune, sur le planol.

Le charbonnier de moussu Loubat avait abandonné ses meules. Oui! Sa femme était de petite santé et ne supportait pas l'air de la montagne.

Il était retourné dans ses misérables landes de Plantaurel d'où moussu Loubat l'avait tiré. C'était un pauvre type qui, pour vivre, avait commencé par faire le maquignon. Mais ses affaires n'avaient pas été brillantes. Par charité, moussu Loubat lui avait proposé de régler ses dettes en faisant du charbon pour son compte.

– Comment sais-tu tout cela?

– Ça a été dit dans la forge de Lespugne! dit Toune. A propos, toi, où tu étais, dimanche?

– Chez ma grand-mère! Il faut bien que j'aille la voir de temps en temps!

– Tu aurais pu me prévenir! Ton grand-père n'est pas commode! Il m'a envoyée au diable, avec mes chèvres!

Une nuit, Pierrou fut réveillé par un coup de feu. Il crut avoir rêvé. Mais non! Dressé sur son traversin, il perçut des clameurs lointaines.

– Ça vient de la Grande Jasse! dit son grand-père, qui enfilait sa veste et ses sabots.

La pendule de la cuisine marquait trois heures. Ses parents étaient déjà descendus. Pierrou les rejoignit devant la porte où ils discutaient à voix basse avec les voisins. Toune aussi était là! Dans la nuit noire, tous tendaient l'oreille vers les bois au-dessus du village.

Toune s'approcha de Pierrou et saisit son bras.

– Viens! On va voir là-haut!

Tout au long de la rue, d'autres groupes s'étaient formés. Avant d'arriver à la place de l'église, Toune s'approcha de la murette et regarda en direction de la Grande Jasse.

– Je vois des lumières! dit-elle. Regarde!... Ça bouge!

– Ce sont des lanternes! dit Pierrou.

Soudain on perçut des vociférations que chacun reconnut : c'était la voix de Picot.

Aussitôt, quelques hommes s'élancèrent et tout le monde suivit.

A l'entrée de la jasse des silhouettes

s'agitaient à la lueur des lanternes que tenaient trois gendarmes. Au centre de ce groupe se tenait Picot, qui paraissait à présent calme et même assez piteux.

– On ne me la fait pas, mon cher! disait le brigadier. J'avais prévu le coup! Tu croyais voler des bêtes sous mon nez?

– Ce sont mes bêtes! répliqua Picot. Je ne les vole pas!

– Qu'est-ce que tu pensais faire? Les ramener chez toi, en douce? Gros malin! Tes bêtes resteront ici, comme les autres!

On sut plus tard comment les choses s'étaient passées.

Picot avait épié les habitudes des gardes, et il avait remarqué que, certains soirs, ils cessaient la surveillance à la tombée de la nuit et rentraient discrètement chez eux. Sans rien dire à personne, il avait décidé d'enlever ses propres bêtes et de les ramener chez lui! Si, par malheur, les autorités décidaient de saisir le troupeau du village, comme cela s'était produit ailleurs, lui, au moins, aurait sauvé son bien!

Hélas! Ce que Picot ne savait pas, c'était que, lorsque les gardes cessaient leur surveillance, ils étaient remplacés par les gendarmes.

Au moment où il allait quitter la jasse avec ses brebis et ses vaches, Picot était tombé sur la patrouille. Comme aussitôt il s'était rebiffé et avait menacé de casser la tête de quiconque voudrait l'arrêter, le brigadier avait tiré un coup de pistolet en l'air.

– Encore heureux que je ne t'arrête pas! grondait-il. Que ceci te serve de leçon!

A présent la situation était claire aux yeux de tous.

La tentative de Picot était jugée sévèrement par le village. Les gens n'aiment pas qu'on essaie de se soustraire au sort commun.

– Toujours plus malin que les autres, celui-là! grommelait Toune.

Chapitre 8

Un soir, alors que Pierrou s'apprêtait à rentrer ses bêtes, Toune arriva au grand galop. Elle criait, à bout de souffle :
– Les soldats!... Les soldats!
– Les soldats? Quels soldats?...

Toune expliqua que d'abord étaient arrivés deux gendarmes. Ils étaient allés frapper directement à la maison du maire. Au bout d'un moment, la femme du maire avait ouvert la porte. « Quoi? Qu'est-ce que c'était? Que désiraient messieurs les gendarmes? Parler à monsieur le maire? Monsieur le maire n'était pas chez lui pour le moment! Il n'allait pas tarder à rentrer. Que messieurs les gendarmes attendent un peu! »

Pendant ce temps, le maire avait filé, par-derrière, en direction de la Grande Jasse, pour prévenir les bergers de faire en sorte qu'aucune bête ne traîne dans les bois à l'arrivée des gendarmes.

Au retour du maire, on s'expliqua. Ce n'était pas pour surprendre les bergers que les gendarmes étaient venus, mais pour annoncer l'arrivée d'un contingent du 10e dragons. Oui! Le régiment était en manœuvre dans la région, et le village était chargé de fournir un cantonnement aux hommes et aux chevaux.

Des soldats! Un tel événement ne s'était jamais produit au village.

– Ils sont sur la place! dit Toune.

Pierrou hésitait. Est-ce que l'arrivée des soldats changerait quelque chose?

– Allons voir! dit-il.

Ils lancèrent les bêtes au galop.

Personne chez les Lartigue ni chez ceux de France. Tout le monde était sur la place.

Les soldats avaient mis pied à terre et se tenaient à la bride de leurs chevaux, bien alignés, face à l'église. Les gens du village étaient là, rassemblés le long de la murette. Le maire et l'officier qui commandait les soldats discutaient avec animation.

L'officier disait que ses hommes devaient être logés chez l'habitant. Le maire disait, lui, que le village était trop pauvre pour nourrir tous ces hommes. Il n'était pas question de nourrir, mais de loger : les gradés dans des chambres, les hommes dans les granges. Il suffisait de fournir de la bonne paille.

Allons! L'affaire ne serait peut-être pas trop terrible. L'officier ne semblait pas mauvais bougre. C'était un petit homme, poivre et sel, au visage maigre barré par une forte moustache. Il paraissait plutôt ennuyé de se trouver là, en train de discuter avec des civils en présence de ses hommes. Ceux-ci, par contre, s'amusaient d'être ainsi entourés et regardés comme des bêtes curieuses.

Pierrou et Toune firent le tour de la place. Tous les enfants du village étaient là, très intéressés. Jamais ils n'avaient vu autant de chevaux réunis. Il y en avait bien une cinquantaine! Et ces dragons! Dans leurs uniformes bleu et rouge, avec leurs casques luisants, des courroies croisées sur la poitrine, leurs grandes bottes et leurs grands sabres, ils avaient l'air de tenir droits grâce au cuir et au métal qui les recouvraient.

– On dirait des soldats de bois! dit Toune.

Soudain quelqu'un lança :

– Attention! Le régent!

Le régent arrivait en effet, un bâton à la main, un panier au bras. Il venait de cueillir des champignons dans la forêt.

Apercevant les soldats, il s'arrêta à l'entrée de la place. On le vit mettre son lorgnon pour observer ce qui se passait, et prêter l'oreille à ce que disaient le maire et l'officier. La discussion, un moment apaisée, s'était ranimée. Le maire faisait de grands gestes de protestation.

Le régent déposa son panier à terre, saisit son bâton et, avançant lentement devant les soldats alignés, il les examina un à un comme s'il les passait en revue.

Arrivé devant le maire, il lui mit la

main sur l'épaule et le fit pivoter vers lui.

– Ne te laisse pas faire, Emile! lança-t-il d'une voix forte.

Du regard, il fusillait l'officier.

– On n'est pas des Prussiens, ici!

On n'était pas des ennemis? Hum! C'était tout juste!

Le soir même on apprit que l'affaire se compliquait. Si la nourriture des hommes était fournie par l'armée, le foin nécessaire aux chevaux devait être livré par le village.

Dès que la nouvelle fut connue, les hommes accoururent chez le maire.

– Du foin pour cinquante chevaux?

– Ils veulent notre mort! s'exclama Picot, furieux.

– Mais non! Mais non! Le foin nous sera payé! assura le maire. Et bien payé, d'après ce que dit l'officier. J'ai vu les bons de réquisition!

– Des bons de réquisition? C'est quoi, ces bons de réquisition? Des morceaux de papier!

– Foutue bête! s'écria le maire. Ces morceaux de papier, c'est comme de l'argent! Tu ne comprends pas? L'argent est toujours bon à prendre!

Le pays était si pauvre que la perspective de toucher de l'argent calma les esprits. De toute manière, il n'y avait pas urgence.

La vie reprit. L'officier logeait au presbytère et la troupe avait installé sa cavalerie dans deux vastes granges situées en bordure des prés, à quelque distance du village. Tous les matins on pouvait assister au pansage des chevaux, attachés à des anneaux scellés dans les murs des maisons ou aux grosses poignées des portes de granges, tout au long de la rue.

Ces soldats étaient pour la plupart originaires des plaines de la Garonne, un pays tellement différent de ces montagnes qu'ils ne comprenaient pas très bien la raison pour laquelle on les avait envoyés dans ce pays de sauvages. Car, à présent, la chose était connue : les dragons avaient été envoyés en renfort auprès des gardes forestiers et des gen-

darmes. Cette mission ne leur plaisait pas, et tout leur était prétexte à exprimer leur mauvaise humeur. Ils se plaignaient du cantonnement et, surtout, de ces chemins abrupts, pleins de rochers, qu'ils étaient obligés de suivre en file indienne dans leurs promenades.

Le seul espace à peu près plat était la Grande Jasse. Tous les jours un détachement y montait et passait son temps en exercices divers. Inquiètes, les brebis et les vaches s'écartaient peureusement le long du bois. Elles contemplaient de loin ce spectacle et oubliaient de manger. Si cette situation devait se prolonger, elles ne tarderaient pas à dépérir.

Tous les matins les fourgons des dragons se présentaient devant la maison qui devait fournir le foin de la journée.

Mais cinquante chevaux à nourrir, ce n'était pas rien! Il apparut très vite qu'une bonne partie des réserves prévues pour l'hiver allait être dévorée par les chevaux des dragons.

Pour comble de malheur, une nouvelle tempête de neige s'abattit sur les crêtes.

Le village ne reçut que de la pluie et quelques flocons. Mais le vent était glacial. Les soldats espérèrent qu'on allait rentrer les bêtes et que, leur mission terminée, ils pourraient regagner leur caserne.

Les gardes les détrompèrent. Rien ne serait changé tant que les habitants du village ne cesseraient pas de faire les malins et de narguer les autorités. Les autorités n'étaient pas pressées : le temps travaillait pour elles.

La situation en effet était de plus en plus critique pour les montagnards. L'herbe devenait rare, là-haut. Déjà, sur les mouillères[1], le piétinement des bêtes formait des marécages. Et voilà qu'à présent les dragons, sous prétexte de se réchauffer, menaient des charges, à fond de train, d'un bout à l'autre de la prairie. On imagine les dégâts : l'herbe piétinée dans la boue, arrachée en grosses mottes par les sabots des chevaux. Un désastre!

Chez les Lartigue, le silence était encore plus pesant que d'habitude. Ils

1. Zones humides.

avaient fourni à la troupe un gros fourgon de foin, comme les autres habitants du village. Leur tour n'allait pas tarder à revenir pour une nouvelle livraison. A chaque fois qu'il passait dans la grange, le grand-père s'arrêtait et contemplait son foin. Pierrou savait qu'il évaluait sa réserve et calculait ce qui resterait après un nouveau prélèvement.

Son tour de garde venu, Toine alla passer deux jours sur la Grande Jasse. Lorsqu'il redescendit, Pierrou apprit que, là-haut, la situation devenait catastrophique. Les bêtes ne trouvaient plus à brouter que de l'herbe écrasée et salie de terre. Elles dépérissaient, que c'était une pitié!

Pierrou ne put supporter l'accablement des siens. Il prit la décision d'aller se dénoncer. La véritable cause de tous ces malheurs, c'était lui. Les autorités ne céderaient pas et la population qui soutenait le coupable serait punie tant que celui-ci ne serait pas découvert. Tout le monde le savait à présent. Et tout le monde savait aussi que le coupable était Pierrou.

Celui-ci hésitait à se montrer dans le

village, où il croyait entendre des murmures à son passage.

Lorsqu'il annonça sa décision à Toune, elle lui éclata de rire au nez.

– Mais, mon pauvre, personne ne voudra te croire! Depuis le début, les gardes et les gendarmes ont dit qu'ils avaient été attaqués par une bande!...

– Ils ont aussi parlé d'un rouquin!

– D'un rouquin, oui! Mais pas d'un gaffet[1] comme toi!

Le mot gaffet irrita Pierrou.

– J'irai quand même! répéta-t-il, têtu.

– Tu iras où?

– Chez les gendarmes!

– Et qu'est-ce que tu diras aux gendarmes?

– Je leur raconterai comment ça s'est passé! S'ils ne me croient pas, je leur dirai de demander à moussu Loubat. Il est au courant. Lui leur dira que c'est moi! Et ils le croiront!

Toune ne dit plus rien. Sûr que si moussu Loubat intervenait, tout était possible.

Tous deux décidèrent que Pierrou

1. Gamin.

n'avertirait personne et descendrait le lendemain à Labastide dès que Toune l'aurait rejoint sur le planol. Elle surveillerait les bêtes avec ses chèvres durant son absence. A Labastide, Pierrou irait tout droit chez les gendarmes. Il dirait ce qu'il avait à dire et remonterait aussitôt.

– D'accord! Je viendrai de bonne heure, conclut Toune.

Le même soir, au moment où Marie de Lartigue, avant d'aller se coucher, recouvrait de cendres les braises du foyer, on frappa à la porte de l'écurie.

Qui pouvait venir à cette heure?

Elle ouvrit la croisée et entrebâilla les volets. Chez ceux de France, la cuisine était encore éclairée.

– C'est toi, Mélie?

Ce n'était pas Mélie, mais Jules et deux autres qui se tenaient un peu en retrait.

– Dis à Toine de descendre. Il faut qu'on parle!

– Descends, toi aussi! dit la voix de Picot.

– Oui! Elle ne sera pas de trop, ajouta une autre voix.
– Montez plutôt tous les trois, dit Marie. Je vais vous ouvrir!

Pierrou se réveilla en sursaut lorsque son grand-père ouvrit la porte de leur chambre. Il perçut le bruit des voix dans la cuisine et reconnut celle de Picot, plus forte que les autres.
– ... en lui expliquant bien, il comprendra!...

Le cœur de Pierrou se mit à battre. Les choses allaient encore plus vite qu'il ne l'avait redouté. Voilà que Picot, à la tête d'une délégation, venait exiger des Lartigue que Pierrou se rende à la justice.
– Je le pense aussi! dit calmement la voix de Marie. Il nous a toujours aidés! Ce n'est pas aujourd'hui qu'il...

Pierrou s'accouda sur son traversin et tendit plus attentivement l'oreille.

Il s'était trompé. C'était de moussu Loubat que Picot parlait. Il expliquait que, ce matin, il avait trouvé ses bêtes en si mauvais état qu'il avait voulu leur monter une charrette de foin. Mais, vous pensez, tout le troupeau affamé était arrivé au galop et s'était abattu sur la nourriture. Quelle misère de voir ça! Les choses ne pouvaient pas continuer ainsi. Seul moussu Loubat pouvait les tirer d'affaire. Il l'avait promis. Il fallait lui rappeler sa promesse!

– J'ai pensé qu'à trois ou quatre nous pourrions descendre à Labastide. Je suis passé dans les maisons. Tout le monde est d'accord pour que nous fassions une démarche.

– Tu veux aller parler à moussu Loubat? répéta Toine.

– Oui! Moi et Barnabé pour ceux des Vieilles-Bordes, Jules pour ceux du village et quelqu'un de chez vous, Marie ou toi, puisque vous êtes presque de sa famille!

Il y eut un long silence. Pierrou savait que ses parents ne tenaient pas Picot en grande estime. Ils n'aimaient pas ses manières grossières et avaient sévèrement condamné sa tentative de l'autre nuit. Comment osait-il se mettre en avant aujourd'hui?

– Vous trois, d'accord! finit par dire Marie de Lartigue. Mais pour nous, non! Ça ferait mauvais effet! Nous sommes trop proches des Loubat!

Pourquoi « mauvais effet » et « trop proches »? pensait Pierrou.

La vérité était que Marie de Lartigue ne voulait pas mêler les siens à une démarche menée par Picot.

– Pourquoi pas vous? gronda celui-ci. Vous avez là-haut des moutòns et des vaches, non? Comme nous! Vous croyez que les vôtres n'ont pas faim?

– Ce n'est pas ça!

– Alors, c'est que vous, vous avez des réserves!

– Pas plus de réserves que les autres!

– Oh! si!... Oh! si! ricana Picot. Si jamais vous veniez à manquer de foin, Loubat vous en fournirait! Ce n'est pas vrai? Ce n'est pas des réserves, ça?

Les choses commençaient à s'envenimer. Le ton montait.

– C'est moi qui irai avec vous, dit tout à coup le grand-père.

– Vous? s'écria Marie. Vous n'avez jamais voulu aller chez Honoré!

– Moi non plus, je n'y suis jamais allé, dit doucement le père de Toune. C'est pour ça que j'avais pensé...

– Tu voudrais quelqu'un qui connaisse la maison, alors prenons Pierrou, dit le grand-père. Vous ne trouverez pas mieux! Il y était encore l'autre semaine!

De son lit, Pierrou suivait attentivement la conversation. Il ne savait plus que penser. Déjà l'idée avancée par Toune, que personne ne voudrait le croire, avait ébranlé sa résolution. Maintenant, la démarche proposée par Picot et les autres mettait à bas son projet.

Finalement, Pierrou n'était pas mécontent de conduire la délégation du village. Le fait de se sentir important l'avait ragaillardi.

A quelque distance de la ville, il fit ralentir le pas de ses compagnons.

– Moussu Loubat n'aime pas qu'on le dérange avant la fin de sa sieste, dit-il. Nous passerons par la porte de derrière. Germain nous dira quand ce sera le moment!

Rien n'avait changé dans la cour. Germain était assis sur sa chaise basse devant la porte de l'écurie. Il leva à peine la tête de dessus les harnais qu'il tenait sur ses genoux.

– Ah! c'est toi! dit-il à Pierrou, comme si celui-ci l'avait quitté la veille.

Il rejeta la tête en arrière pour mieux examiner les arrivants.

– Nous avons de la visite, constata-t-il.

Ce fut tout. Ces gens ne l'intéressaient pas. Il les prenait pour quelques-uns de ces petits maquignons qui, ces temps-ci, venaient tous les jours harceler le patron.

La vieille Frasie sortit de la fournière, un torchon à la main.

– Tu nous faisais de manque! s'écria-t-elle lorsqu'elle eut reconnu Pierrou.

A ce moment, la grosse cuisinière parut sur le perron et jeta sa bassine d'eaux sales dans la cour. Intriguée, elle examina le groupe de visiteurs arrêté devant la porte de l'écurie, puis rentra précipitamment.

Moussu Loubat parut à son tour. Du haut du perron, il fit un grand geste d'accueil et s'avança, tout cordial, les bras ouverts.

– Quelle surprise! Ce n'est pas souvent qu'on vous voit par ici!

Il serra la main aux quatre hommes et,

arrivé devant Pierrou, posa sa main sur l'épaule du garçon.

– Toi aussi? A la bonne heure!

Pierrou pensa que c'était le moment de jouer son rôle de guide.

– Ils veulent vous parler, monsieur Loubat! fit-il en désignant ses compagnons.

– Me parler? Ah!... Ah!... Quelque chose ne va pas, là-haut?

– Oui! Ça va mal! dit Picot. Et même très mal!

– Oh!... Tant que ça?

Les autres approuvaient par des hochements de tête.

Moussu Loubat les prit aux épaules.

– Ne restons pas là! Venez dans mon cabinet, nous serons mieux pour parler!

Le cabinet de monsieur Loubat était une petite pièce sombre, dont les principaux meubles étaient un fauteuil à haut dossier et une table derrière laquelle il s'assit. Picot et les autres prirent place sur les chaises alignées le long du mur. Il n'y avait que quatre sièges. Pierrou dut rester debout.

– Va demander une chaise à la cuisine! dit moussu Loubat.

– Je ne suis pas fatigué! dit Pierrou.

– Comme tu voudras!

Il se tourna vers Picot qui faisait figure de chef :

– Alors! Que se passe-t-il?

– C'est pour les bêtes! Ça ne peut plus durer!

– Comment ça? Qu'est-ce qui ne peut plus durer?

– Elles sont encore sur la Grande Jasse!

– Et alors? C'est une bonne chose, non? Le temps n'est pas mauvais!

– Ce n'est pas le temps! dit Jules de France, mais il y a les dragons!

– Hé oui!... Les dragons! répéta moussu Loubat.

Pierrou dressa l'oreille. Moussu Loubat était donc au courant de ce qui se passait là-haut. Il avait rejeté son buste contre le dossier du fauteuil et pris un air grave.

– Est-ce que les dragons vous feraient des misères? reprit-il.

– Pas des misères! dit Picot, sauf qu'ils font galoper leurs chevaux à travers la jasse et que, pardi, ils arrachent toute l'herbe!

– Et surtout, il y a le foin que nous devons fournir pour leurs chevaux, ajouta Jousep de Lartigue. Toute notre provision est en train de s'en aller!
– Et qu'est-ce que vous voudriez? Que les dragons partent? Qu'ils quittent la montagne?...

Le ton avait brusquement changé. L'affabilité de moussu Loubat avait disparu. Son regard se posait tour à tour sur les visages de ses visiteurs.
– Mais ce n'est pas possible, mes amis!... Tant que des bandits se promèneront là-haut comme chez eux!
– Des bandits?
– Oui, mon cher! des bandits!... Comment appelles-tu des gens qui n'hésitent pas à s'attaquer à de pauvres bougres qui ne font de mal à personne et qui gagnent leur vie comme ils peuvent? Comment appelles-tu cela, toi? Moi, je l'appelle du banditisme!... Cela a été fait pas plus tard que dimanche dernier!

Il conclut sévèrement :
– Moi, je dis que ces gens sont des bandits!

Pierrou frémit. Il lui semblait que moussu Loubat le regardait avec insistance. Le soupçonnait-il d'avoir participé à l'expédition contre les charbonniers?

Mais était-il vraiment apitoyé par le sort de ces « pauvres bougres »? Sa colère n'était-elle pas provoquée surtout par le fait qu'on avait osé s'attaquer à l'une de ses entreprises?

Le mot bandits n'en finissait pas de résonner dans la pièce. Pierrou sentait ses compagnons décontenancés. Ils ne s'attendaient pas à cette attaque et ne savaient quelle attitude prendre. Bien sûr, ils devinaient à quelle affaire moussu Loubat faisait allusion. Bien que personne n'en eût parlé ouvertement dans le village, tout le monde était au courant de la mascarade montée par le Cadet.

Que dire? Que faire à présent? Naturellement, il aurait fallu jouer la surprise, questionner, demander des explications. Mais aucun de ceux qui étaient là n'était comédien. Sauf Picot, peut-être. Mais Picot n'avait pas apprécié d'avoir été tenu à l'écart par le Cadet. Pierrou le sentait furieux d'être tombé dans ce piège.

Moussu Loubat lisait à livre ouvert sur

les visages qui l'entouraient. Il savait que, pour le moins, ces hommes étaient complices des demoiselles qui lui avaient joué ce mauvais tour, l'autre nuit. Ses charbonniers avaient été épouvantés, mais lui-même n'avait-il pas été ridiculisé? C'était une chose qu'il ne pouvait supporter.

Aujourd'hui, il tenait sa revanche.

Pierrou sentait tout cela. Il devinait les pensées de moussu Loubat, mais aussi celles de Picot qui remuait les lèvres comme s'il était prêt à parler, celles du père de Toune qui se pinçait l'oreille, celles de Barnabé et de son grand-père qui ne disaient rien.

– Ce n'est pas notre faute, trouva finalement à dire Picot.

– Bien sûr que ce n'est pas de votre faute!... Si c'était de votre faute, vous ne seriez pas là, n'est-ce pas?

Moussu Loubat paraissait radouci et souriait à présent.

–Alors! Qu'est-ce que vous êtes venus me demander, au juste?

– Ce qui nous fera le plus besoin, d'ici à quelques jours, c'est le foin, dit Jules. Les dragons nous prennent tout! Il faudrait que vous nous fournissiez un peu de foin, moussu Loubat!

– Du foin! Rien que ça! Du foin! Tu n'y penses pas! C'est que la récolte n'a pas été fameuse, tu sais, cette année!

C'était faux. Pierrou le savait. Il avait vu dans toutes les métairies les granges bourrées de fourrage jusqu'au toit.

Au mouvement de surprise qu'il fit, moussu Loubat tourna la tête vers lui. Il rectifia aussitôt :

– Oh! bien sûr, je ne dis pas qu'il ne m'en reste pas un peu!... Pas beaucoup! Mais, ce foin, il me faut le vendre pour pouvoir payer mes ouvriers!...

Il s'interrompit soudain, comme s'il venait de faire une découverte.

– Serait-ce pour m'acheter ce foin que vous êtes venus?... Ma foi, l'affaire m'arrangerait!... Autant à vous qu'à d'autres!.. Et si je peux vous rendre service...

Picot et les autres se regardaient entre eux, gênés.

– C'est que... nous avions pensé... Peut-être pourriez-vous nous faire l'avance. Les dragons nous ont donné des bons de réquisition!

– Des bons de réquisition?... Ah! je les

connais, leurs bons de réquisition! Du papier!... Il faut la croix et la bannière pour se faire payer... Et cela au bout de deux ou trois ans!... Et encore! Non! Ce n'est pas possible, voyez-vous! J'ai trente ouvriers qui travaillent chez moi. Ils ont des femmes et des enfants!... Je ne peux pas laisser mourir de faim mes ouvriers, leurs femmes et leurs enfants!... Voyons, toi, Picot, est-ce que je peux faire une chose pareille?

Picot, bien sûr, ne trouvait rien à répondre.

– Toutes nos bêtes vont crever, murmura Jules, accablé.

– C'est sûr! ajouta le grand-père de Pierrou. Avant Noël elles n'auront plus rien à manger!

– Non! Ce n'est pas possible! s'écria monsieur Loubat. Vous ne pouvez pas laisser crever vos bêtes. Il vous faut trouver quelque chose!... Vous n'avez rien à vendre? Un peu de grain, par exemple? Le grain se vend cher, cette année! Ou du bois? Du bois, vous en avez, je le sais!...

Les quatre hommes dressèrent vivement la tête. Moussu Loubat se moquait-il d'eux? Il savait bien qu'ils manquaient de grain tous les ans et que leur bois était vendu depuis longtemps.

– Rien! dit Picot. Nous n'avons rien!

– Mais si, voyons! Vous avez toujours vos bêtes!... A moins...

Il s'interrompit, comme frappé par une idée subite.

– A moins, reprit-il, que vos bêtes... Si vous voulez, je me charge de les faire descendre! Vous n'auriez plus besoin d'acheter du foin... J'en tirerais un bon prix pour vous!

– Vendre nos bêtes! s'écria Picot. Mais c'est tout ce que nous possédons! Si nous n'avons plus de troupeaux, qu'est-ce qu'il nous reste?

– Ce qu'il vous reste? Hé! pas mal de choses, allons! Les terres, les bois, les pâturages...

– Si nous n'avons plus de troupeaux, à quoi serviront les pâturages!

– C'est vrai! Tu as raison!... A ceux qui vendront les bêtes, j'achèterai aussi les pâturages, s'ils veulent! C'est juste!

Le père de Toune s'était levé brusquement. Tout pâle, il bégayait :

– C'est ça!... Vous achetez... nos bêtes!...

Ensuite, nos prés! Ensuite, nos terres!... Et nous, après tout cela..., qu'est-ce que nous devenons?

– Il nous prendra comme domestiques! gronda Picot d'une voix que la colère faisait trembler.

Tous s'étaient mis debout. Le premier, le grand-père de Pierrou se dirigea vers la porte.

Chapitre 9

Ce fut un retour tambour battant. Pierrou avait de la peine à suivre ses compagnons. L'indignation leur donnait des ailes et, bien que la rude montée coupât le souffle, leurs imprécations hachées accompagnaient le bruit de leurs souliers ferrés sur la rocaille du chemin.

Pierrou découvrit que le culte que l'on rendait à moussu Loubat dans sa famille était loin d'être partagé par tous les gens du village. Certes, il savait bien que son propre grand-père grommelait souvent lorsque sa fille faisait l'éloge de son frère de lait, ou simplement rappelait, comme pour s'en glorifier, l'opulence de la famille Loubat, qu'elle avait partagée jadis. « Ça te fait une belle jambe! » ricanait-il.

Jusqu'à ce jour, Pierrou avait pensé que son grand-père était un original, comme il en est dans toutes les familles. C'était ce que laissait entendre Marie de Lartigue elle-même, qui se contentait de sourire aux propos malveillants de son père.

Mais il avait déjà constaté que son grand-père n'était pas le seul à ne pas aimer les Loubat. Il y avait Lespugne, par exemple, le régent aussi et, surtout, le Cadet.

Et voilà qu'aujourd'hui Jules de France et même Barnabé, des Vieilles-Bordes – des silencieux, bien pacifiques pourtant, ces deux-là –, assuraient que le refus de moussu Loubat ne les surprenait pas, qu'ils s'y attendaient, qu'on ne pouvait espérer rien de bon de la fréquentation de ces gens trop riches. Quant à Picot, il proclamait que les Loubat n'avaient pas volé leur nom! Des loups, il y en avait toujours eu dans cette famille! On savait bien comment Loubat le vieux et, avant lui, Loubat l'ancien s'y étaient pris pour s'emparer, l'une après l'autre, des métairies sur lesquelles le moussu Loubat actuel régnait aujourd'hui.

A force de les entendre dire du mal de moussu Loubat, Pierrou se sentait un peu irrité. Il était vrai que lui-même avait constaté que son ancien patron savait mentir à l'occasion, jouer la comédie, mener de sourdes intrigues et utiliser les services de personnages louches. Mais il se rappelait aussi sa jovialité bon enfant, la gentillesse qu'il lui avait toujours manifestée, et surtout la protection qu'il lui avait assurée lorsque sa mère le lui avait confié.

Les propos tonitruants de Picot le hérissaient. Que dirait ce même Picot, en ce moment, si moussu Loubat lui avait accordé le foin qu'il demandait? Il ne tarirait pas d'éloges sur lui! Il n'y aurait pas de meilleur homme sur la terre...

Et pourtant, il était bien vrai que moussu Loubat avait tenté d'exploiter la situation à son profit. Il avait bel et bien proposé d'acheter non seulement les bêtes, mais aussi les champs et les prairies des gens de là-haut! Que seraient devenus ceux qui se seraient laissé tenter? Picot avait sans doute raison. Moussu Loubat les aurait pris à son service, comme Germain, Frasie et les servantes, comme Sannas et les vachers des métairies, ou même comme Fageolle. Pierrou découvrait soudain quelle menace pouvait faire peser l'argent sur l'existence de ceux qu'il dominait.

Ils arrivèrent au village à la nuit tombante. De loin ils perçurent les tintements du marteau dans la forge de Lespugne. Les hommes devaient être nombreux à attendre le résultat de l'entrevue.

Devant leur maison, le grand-père de Pierrou s'arrêta brusquement.

– Salut! dit-il.

Il quitta le groupe, poussa la porte de l'écurie et disparut, comme s'il avait honte.

Pierrou le suivit sans mot dire.

Le lendemain, Toune vint, comme d'habitude, le rejoindre sur le planol. Naturellement elle était au courant de ce qui s'était passé la veille chez moussu Loubat, mais elle était loin de prendre les choses au tragique.

– Bah! ça s'arrangera! Si moussu Loubat ne veut pas s'occuper de nous, d'autres s'en chargeront!...
– Qui ça, d'autres?
– Bah! tu verras bien!... On en parle!

Elle jouait la mystérieuse. Mais Pierrou savait bien quel était l'endroit où on « parlait » : la forge de Lespugne. C'était là qu'arrivaient les nouvelles, et de là qu'elles repartaient à travers le village et jusque dans les hameaux lointains.

Le soir même on apprit, chez les Lartigue, que monsieur le curé, sans que personne lui ait rien demandé, était allé rendre visite à l'évêque de Pamiers.

Cette nouvelle avait surpris tout le monde.

Le curé était un homme chétif, mal portant et timide. On ne l'aimait pas beaucoup. Il avait la figure triste et ne savait pas parler aux gens. Seul le régent, qui pourtant ne lui ressemblait guère, l'avait pris en amitié. Il lui servait à la fois de chantre et de sacristain. Comme le régent était, lui aussi, un peu bizarre, on ne s'étonnait pas qu'ils aient ensemble de longues conversations.

Ce fut par le régent que l'on connut la réponse de monseigneur. Et cette réponse était : « La loi est dure, mais c'est la loi! » L'évêque avait, paraît-il, dit cela en latin, mais c'était ce qu'il avait dit!

« Nous voilà bien avancés », pensèrent les gens. Mais presque aussitôt on apprit que, sur sa lancée, le curé avait aussi osé s'adresser à l'officier. Et non pas en tête à tête, au presbytère, comme il aurait pu le faire, mais un matin, sur la place, où quelques soldats faisaient des corvées. Tous ceux qui passaient avaient pu assister à la scène. Ils avaient vu le curé, tout rouge, dressé comme un coq devant l'officier qui n'en revenait pas. Celui-ci paraissait stupéfait et tout penaud.

Le résultat de cette entrevue fut que, désormais, les dragons ne firent plus l'exercice sur la Grande Jasse et qu'ils reçurent l'ordre non seulement de ne plus gaspiller comme ils le faisaient le précieux foin qu'on leur livrait, mais encore de réduire et d'espacer les collectes.

Ces bonnes nouvelles, avec le beau temps revenu, firent que les gens du village se reprirent à espérer.

Les pluies de ces derniers jours avaient fait reverdir l'herbe. Pierrou le voyait bien sur le planol.

En prévision de la pénurie qui menaçait, quelques hommes du village s'étaient mis à « faire de la rame ». Ce travail consistait à émonder les arbres dont le feuillage pouvait être consommé par les animaux. Mélangées à de la paille hachée, les feuilles sèches pouvaient fournir une nourriture d'appoint. Pas bien fameuse certes, mais on n'avait pas le choix. L'essentiel était que les bêtes aient quelque chose à se mettre sous la dent.

Bien que le planol, en raison de son exposition en soulane[1], fût assez pauvre en arbres, Pierrou avait repéré quelques vieux ormes et entrepris de les ébrancher.

A la maison, les choses allaient mal entre Jousep de Lartigue et sa fille. Celle-ci reprochait à son père d'avoir suivi Picot dans cette affaire. Elle connaissait Picot. Elle était sûre que son insolence et sa grossièreté avaient irrité Honoré. Si

1. Au soleil.

Honoré avait refusé son aide, c'était la faute de Picot et de ceux qui l'avaient sottement suivi. Le grand-père avait répliqué que la sotte c'était elle et que son Honoré n'était qu'un fichu hypocrite.

Depuis cette discussion, le père et la fille ne se parlaient pas. Certes, l'atmosphère chez les Lartigue n'avait jamais été très gaie, mais à présent elle était devenue irrespirable.

Pierrou et son père échangeaient des regards navrés et se tenaient le plus possible éloignés de la maison.

On comprend que Pierrou, plutôt que de rester oisif auprès de ses moutons et de ses vaches, ait préféré ne plus penser à ces choses pénibles et dépenser son énergie en grimpant aux arbres.

Toune n'appréciait pas cette nouvelle manière d'employer son temps.

Lorsque, arrivant un jour sur le planol avec ses chèvres, elle trouva Pierrou perché au sommet d'un ormeau, elle se planta au pied de l'arbre et s'écria :

– Qu'est-ce qui te prend? Tu ne peux pas rester tranquille?

– Hé! dit-il, la rame peut servir! Tu n'entends pas les autres?

On percevait, en effet, venant des bas-fonds humides, le pan! pan! pan! des hachettes et la bonne senteur des feuillages flétris.

Elle haussa les épaules.

– Tu te fatigues pour rien!

– On verra! Cet hiver tu ne diras pas la même chose!

– Mais si! Mais si! Je dirai la même chose!... répliqua-t-elle.

– Tu es plus maligne que les autres, toi?

– Ça se pourrait!... Ça se pourrait!

C'était au tour de Pierrou de hausser les épaules. Toune aimait assez s'entourer de mystère!

Tout de même, le ton sur lequel elle répétait : « Ça se pourrait! » l'intriguait.

Un après-midi, Toune apparut au bout du planol plus tôt que d'habitude.

Arrivée au pied de l'arbre sur lequel Pierrou était juché, elle demeura là, immobile, la tête levée, l'air grave et sans rien dire.

Pierrou, surpris, l'observa une minute à travers le feuillage.

– Alors? Quelles nouvelles?

– Le roi[1] est parti! dit Toune.

Pierrou s'assura sur sa branche. Avait-il bien entendu?

– Le roi est parti? répéta-t-il.

– Oui!

– Où ça, parti?

– Parti!... Est-ce que je sais, moi!... Le régent a dit que c'étaient les gens de Paris qui l'avaient fait partir!

La nouvelle parut extravagante à Pierrou.

– Les gens peuvent faire partir le roi?

– Il y a plus de deux mois! Mais ici on ne l'a dit que ces jours-ci.

– Alors, depuis deux mois on n'avait pas de roi? Qu'est-ce qu'on avait, alors?

– Qu'est-ce qu'on avait? répéta Toune, excédée. On a un autre roi, son cousin[2]. Ils se sont arrangés comme ça!...

Elle fit un geste d'impatience.

– Tu pourrais peut-être descendre de ton perchoir, non? au lieu de m'obliger

1. Il s'agit de Charles X, chassé du trône par la révolution de 1830 (27, 28, 29 juillet 1830).

2. Le duc d'Orléans, proclamé roi sous le nom de Louis-Philippe Ier, était le fil de Philippe-Egalité, cousin germain de Charles X.

à me tordre le cou pour te regarder!
– Eh! laisse-moi finir, au moins!

Il n'allait tout de même pas descendre pour être obligé de regrimper ensuite!...

– Comme tu voudras! s'écria Toune sèchement.

Elle pivota sur ses talons et s'éloigna.

A quelque distance elle se retourna.

– Le Cadet est venu te parler? demanda-t-elle.

– Le Cadet?... Non!

– Tant pis!

Et elle repartit vers ses chèvres.

– Hé! Attends!... Attends!... Qu'est-ce qu'il veut, le Cadet?

Toune fit mine de ne pas entendre et disparut au bout du planol.

– Ah! celle-là! grommela Pierrou.

Il se demandait quel rapport il pouvait bien y avoir entre le départ du roi et ce que le Cadet avait à lui dire.

La nuit tombait. Pierrou se disposait à rentrer ses bêtes lorsqu'il vit paraître trois silhouettes à la lisière du bois.

De loin, il reconnut le Cadet. Mais sa

surprise fut grande lorsqu'il vit que ses compagnons étaient Jules de France, le père de Toune, et Toine de Lartigue, son propre père.

Les trois hommes étaient munis de bâtons et semblaient avoir fourni une longue marche. Le temps des champignons était passé. D'ailleurs aucun d'eux ne portait de panier à son bras. D'où diable pouvaient-ils venir?

Ils s'étaient arrêtés à l'extrémité de la prairie et, tournés vers la forêt, paraissaient discuter du chemin à prendre. Pierrou les voyait tendre les bras, indiquant tantôt une direction, tantôt une autre.

A la fin, ils se remirent en marche le long de la lisière, vers le village.

– Tu peux rentrer! cria Toine à son fils. Il est temps!

Lorsque Pierrou arriva à la maison, les trois hommes discutaient encore devant la porte de l'étable.

Toune, accoudée à la fenêtre de sa cuisine, les observait. Elle n'adressa aucun signe à Pierrou qui dut s'occuper d'attacher ses bêtes et de préparer leur litière.

Il avait hâte d'en avoir terminé pour savoir enfin ce qui se passait.

Lorsqu'il reparut devant la porte, le Cadet prenait congé.

– Tu ne restes pas souper? demanda Toine à son frère.

– Non! Je souperai aux Vieilles-Bordes. Picot et Barnabé m'attendent.

– Vous descendez cette nuit?

– Oui! Eux ne connaissent pas bien le chemin!

Pierrou, perplexe, se demanda de quel chemin il pouvait bien être question.

Chapitre 10

L'arrière-saison était magnifique. Rien en apparence n'était changé dans la vie du village. Les troupeaux paissaient sur la Grande Jasse, toujours surveillés par les gardes. Le maire avait fait monter là-haut quelques charrettes de foin. Cet apport, avec la poussée de l'herbe après les dernières pluies, avait suffi à rétablir la situation.

L'officier avait tenu la promesse qu'il avait faite au curé : les chevaux ne piétinaient plus l'herbe du pâturage. Mais les soldats demeuraient hargneux. L'occupation du village s'éternisait. Les gens commençaient à mal supporter leur présence et avaient l'air de les narguer.

De leur côté, les gardes et les gendarmes étaient également de mauvaise humeur. Leurs chefs les harcelaient.

Lorsque la nouvelle de la chute du roi était arrivée, il y avait eu un peu de flottement. Les autorités ne savaient pas trop comment les choses allaient tourner, ni ce qu'elles devaient faire. Mais à présent que l'ordre était rétabli, la loi devait être respectée. Un nouveau préfet avait été nommé. Le bruit courait qu'il s'agissait d'un homme à poigne.

Pierrou apprit tout cela par bribes, à la forge de Lespugne où, à présent, il allait faire un tour tous les soirs dès qu'il avait rentré ses bêtes.

Le maréchal-ferrant des dragons utilisait la forge du village pour ferrer les chevaux de la troupe. C'est de lui qu'on tenait ces nouvelles, dont tout le pays était immédiatement informé.

Toune faisait encore sa tête de mule et ne venait plus sur le planol. Pierrou l'apercevait quelquefois à sa fenêtre, lorsqu'il revenait de la forge avec les nouvelles de la journée. Elle le regardait d'un air goguenard. Ces nouvelles, elle les connaissait déjà, et d'autres aussi, sans doute, que lui, isolé sur le planol, ignorait.

Pierrou se sentait environné de mystères. Il s'occupait à faire des fagots avec les branches accumulées au pied des ormeaux. Il travaillait sans goût. D'abord parce que la feuille d'ormeau – il le savait – n'était guère appréciée par les bêtes, et puis... pourquoi donc les autres émondeurs du village avaient-ils cessé brusquement leur travail?

A tout moment il levait la tête et guettait au bout du planol l'apparition de Toune, espérant que celle-ci se déciderait à revenir lui tenir compagnie. Mais non, la jeune fille boudait toujours.

Par contre, à trois ou quatre reprises, il aperçut des silhouettes qui sortaient du bois, jetaient un coup d'œil de son côté et disparaissaient à nouveau sous les arbres. Il reconnaissait parfois des hommes du village qui, normalement, n'avaient rien à faire à cette heure dans ces parages. Parfois il s'agissait d'inconnus, mais qui devaient être du pays, il le voyait bien à leur allure et à la manière qu'ils avaient de le saluer, de loin, en levant le bras.

Il répondait, bien sûr, comme cela se fait. Mais il se demandait ce que pouvaient bien signifier ces allées et venues inhabituelles.

A la maison, c'était toujours le silence. Parfois le Cadet faisait de brèves apparitions. Il échangeait quelques mots avec son frère ou avec le grand-père et repartait aussitôt. Apparemment, il n'avait rien de particulier à dire à Pierrou. Toune avait encore inventé, l'autre jour!

Un après-midi, ce fut au tour de Jousep de Lartigue d'apparaître sur le planol. Pierrou ne cacha pas sa surprise et son contentement. Peut-être, enfin, pourrait-il tirer quelques explications de son grand-père.

Celui-ci promenait son regard de tous côtés.

– Il y a bien longtemps que je n'étais venu par ici! murmura-t-il.

Il avait plaisir à reconnaître le planol, avec ses rochers moussus, les touffes de sorbier des oiseaux dont les grappes rouges illuminaient le feuillage, la lisière sombre de la forêt toujours un peu brumeuse en cette saison. Et finalement, il se tourna vers son petit-fils.

– Tes bêtes sont tranquilles! Nous pouvons les laisser un moment... Le Cadet t'a parlé?

– Non!... Parlé de quoi?

– Je vais te le dire! Viens! Nous n'en avons pas pour longtemps!

Pierrou apprit ainsi que le Cadet préparait un coup sur la Grande Jasse: l'enlèvement des troupeaux. Mais pour cela, il fallait que tout le monde s'y mette!

Ils avaient pris, à travers bois, une sente à peine marquée qui était plus un passage de bêtes qu'un vrai sentier.

Le grand-père traçait la route entre les troncs de bouleaux et les touffes de grandes fougères.

Pierrou réfléchissait. L'enlèvement des troupeaux était, en effet, un gros coup. Picot l'avait tenté et avait échoué piteusement. Et à présent les dragons étaient là, en plus des gardes et des gendarmes. Il faudrait livrer bataille. Est-ce que vraiment les hommes du village étaient prêts à se battre? Jules de France, Barnabé...

Hum! Pierrou en doutait. Et pourtant il les avait vus circuler dans les bois ces derniers jours. Preuve que, eux aussi, ils participaient à l'action. Mais il était certain que d'autres, beaucoup plus agressifs, agiraient avec eux.

Naturellement Pierrou pensa aussitôt aux demoiselles.

– Ceux de Rimont seront là? demanda-t-il.

Sans se retourner, le grand-père fit un geste du bras qui pouvait signifier n'importe quoi.

– Et les troupeaux? reprit Pierrou un peu plus tard. Qu'est-ce qu'ils vont faire des troupeaux?

Le grand-père ne répondit pas. Il observait autour de lui et paraissait hésiter. Pierrou, lui, savait parfaitement où ils se trouvaient : un peu au-dessous de la Grande Jasse. Juste à l'endroit où le chemin qui montait du village s'élargissait en une espèce de vaste plate-forme herbeuse qu'on appelait la Grange ou la Prade de Papy. La grange avait disparu depuis longtemps, il n'en restait plus que l'emplacement qui, effectivement, était devenu un pré.

– Voilà! C'est ici! dit le grand-père. Regarde bien! Tu sauras revenir ici, la nuit? Par les bois, je veux dire! Pas par le chemin!
– Bien sûr!
Le grand-père tendit le bras :
– Tu vois les deux mélèzes morts, là, sur la gauche?
– Oui! Il y en a un autre, à droite du chemin!
– Tout juste!... Quand j'avais ton âge, ces arbres étaient déjà là! Je voulais savoir s'ils y étaient toujours!
Quelle idée! Ces mélèzes étaient morts depuis longtemps. Leurs branches desséchées étaient envahies par le lichen qui les recouvrait d'une véritable chape flottante.
– Rappelle-toi bien! dit le grand-père. Un à droite, deux à gauche : il faut que tu puisses les retrouver dans la nuit.
Pourquoi spécialement ces arbres? Et pourquoi dans la nuit? Pierrou avait à poser une foule de questions.
– Le Cadet t'expliquera! dit le grand-père. Et surtout, ne dis rien à personne! Moins tu en sauras, mieux ça vaudra!

C'était bizarre! Le grand-père avait recommandé le secret et voilà que, le soir même, à la forge, Pierrou constata que tout le monde parlait de la prochaine attaque des demoiselles comme d'une chose convenue, préparée, et dont la date même était connue : samedi prochain!

Lorsqu'il apparaissait sur le seuil de la forge, la conversation tombait brusquement. Rappelés à la prudence, les gens se mettaient à parler d'autre chose. Pierrou, amusé, se demandait si le Cadet était au courant de ces bavardages. Il était certain que les gardes et les gendarmes finiraient par être informés de ce qui se préparait. Comment, dans ces conditions, le Cadet pouvait-il espérer arracher les troupeaux à une surveillance alertée et qui serait renforcée? Etait-il réellement décidé au combat et voulait-il délivrer les troupeaux par la force?

Pierrou frémissait. Il pensait aux récits de batailles qu'il avait entendus de la bouche du régent.

A la maison, autre bizarrerie : son père et son grand-père, eux aussi, parlaient à mots couverts des prochains événements, mais avec une assurance et un air de contentement qui surprenaient Pierrou. Et, chose encore plus surprenante, Marie de Lartigue, qui interrompait sa besogne pour écouter leurs propos, ne protestait même pas et se contentait de hausser les épaules.

Mais, pour Pierrou, la plus grande surprise, ce fut le vendredi soir, la veille donc du jour où les demoiselles devaient attaquer la Grande Jasse.

Toune l'attendait assise sur la murette, devant sa maison. Dès qu'elle l'aperçut, elle se leva vivement et vint vers lui.

– Le Cadet m'a dit qu'il fallait que je t'aide! dit-elle. Je ferai des tresses de paille! Ça ira plus vite, à deux!

Pierrou la regarda, stupéfait.

C'était trop fort! Toune était chargée de l'aider alors que lui-même ne savait pas encore...

– Des tresses de paille? Pour quoi faire?

– Eh! le feu, pardi!

– Le feu?

Elle hésita quelques secondes :

– Ecoute, dit-elle, puisque je te dis que le

Cadet m'a demandé de t'aider, on peut en parler, non?... Qu'est-ce que tu crois? Que je vais avertir les gendarmes?

C'est ainsi que Pierrou apprit qu'il était chargé par le Cadet de mettre le feu à ces fameux mélèzes que son grand-père lui avait montrés. Un jeu que tous les enfants de la montagne connaissaient depuis toujours. Le lichen desséché brûle comme de l'étoupe. En un clin d'œil, l'arbre tout entier flambe comme une immense torche.

– Il y aura un coup de clairon, dit Toune. Ce sera le signal! Toi d'un côté et moi de l'autre, on met le feu aux arbres et on se sauve!

De peur de passer pour un imbécile, Pierrou ne posa pas d'autres questions.

La nuit était noire. Mais les yeux de Pierrou, déjà faits à l'obscurité, distinguaient la silhouette de Toune qui, devant lui, zigzaguait entre les arbres sans la moindre hésitation. Elle aussi avait de bons yeux.

Brusquement elle s'arrêta et se tourna vers Pierrou, le souffle court :

– Idiote! J'ai oublié les allumettes!
– J'en ai pris un paquet, moi!
– Tu es sûr?
– Oui!
– De contrebande?
– Oui!
– Ah! j'ai eu peur!

Les allumettes de contrebande avaient ceci de bon qu'il suffisait, pour les enflammer, d'un frottement sec sur l'étoffe du pantalon ou contre la semelle du soulier.

Pierrou et Toune venaient de déboucher sur le planol. Au-dessus de leurs têtes, le ciel était plein d'étoiles. Toune prêta l'oreille. Pas le moindre indice permettant de supposer qu'une bataille se préparait. Seule montait, de très loin, du fond de la vallée, la rumeur d'un torrent qu'on n'entendait pas pendant le jour.

Ils se trouvaient à mi-distance de la Grande Jasse. A travers le planol, la marche était facile. Au passage, ils traversèrent une forte nappe d'odeur de feuillage. C'étaient les branches d'ormeaux que Pierrou avait abattues.

Et, de nouveau, ce fut la forêt.

Ce qui les alerta, ce fut un cliquetis de métal, sur leur gauche. Toune saisit le bras de Pierrou. Depuis un moment, elle était moins sûre, de la direction. C'était lui qui, à présent, ouvrait la marche.

Le bruit se répéta. Pierrou s'arrêta et tendit l'oreille.

– Des chevaux! souffla-t-il.

Ils firent un large détour vers leur droite et distinguèrent bientôt l'espace dégagé de la Prade de Papy.

Les dragons étaient déjà là. Les silhouettes des chevaux formaient une masse sombre agitée de brusques mouvements. Si, comme prévu, les demoiselles arrivaient par le village, leur troupe se heurterait au barrage des dragons avant même de pouvoir approcher de la Grande Jasse.

Pierrou n'osa pas faire part de ses réflexions à Toune qui se glissait avec précaution entre les buissons pour examiner les lieux.

– Viens voir! souffla-t-elle.

Ils se trouvaient juste à l'endroit où la sente charretière, dévalant de la Grande Jasse, débouchait sur le plat de la Prade.

Toune tendit le bras.

– Ils sont là!

Elle ne parlait pas des dragons, mais des mélèzes. Son bras tendu montrait deux taches claires sur le fond sombre de la forêt. Ils cherchèrent le troisième mélèze et le découvrirent à deux pas de l'endroit où ils se trouvaient, juste un peu plus haut, presque au-dessus de leurs têtes.

– Il faut attendre le coup de clairon? chuchota Pierrou.

– Oui! Mais surtout que les gardes soient descendus de là-haut!

Encore une précision que Pierrou ignorait. Décidément, on l'avait tenu à l'écart! Furtivement, il pensa que les gens se méfiaient peut-être de lui parce qu'il avait été en service chez moussu Loubat et qu'on le croyait du côté des autorités.

Il aurait bien voulu interroger Toune sur ce sujet, mais il n'était déjà plus temps.

Tout commença par de longs appels de trompe, qui semblaient se répandre dans les bois, au-dessous du village. Pierrou reconnut le son de ces instruments faits d'une longue lanière d'écorce enroulée en cornet.

Il y eut un long silence. Ils ne percevaient, à quelques pas d'eux, dans la nuit, que le piétinement des chevaux.

– Ils devaient s'attendre à la croix de Maury! souffla Toune.

Encore un détail que Pierrou ignorait!

Au bout d'un moment, une rumeur confuse monta du village. C'était un bruit de foule ponctué de cris et de tintements de métal.

– Ils tapent sur des casseroles! chuchota Toune, amusée.

Pierrou était déçu. Ce qui se préparait ne faisait pas penser du tout à une bataille mais à un charivari.

Sur la clairière, la masse des chevaux paraissait soudain attentive aux bruits de la nuit. Et plus encore lorsque apparurent les premières torches sur le chemin montant du village. On eût dit que les bêtes, figées, observaient attentivement ces lumières qui montaient vers eux.

Un ordre soudain retentit.

– A cheval!

Toune et Pierrou virent se dresser sur les étoiles les silhouettes des cavaliers aux épaulettes carrées, surmontées de leurs casques à crinière et à plumet.

En bas, sur le chemin venant du village, on voyait zigzaguer entre les buissons une procession de torches et l'on percevait le bruit d'une foule en marche, des voix, des cris, des bruits de ferraille et, de temps en temps, le mugissement des trompes en écorce.

– Au pas! En avant!

La masse noire se mit en marche vers l'extrémité de la clairière, à la rencontre des demoiselles.

– Halte!

Des cris retentirent.

– Les dragons! Les dragons!

La tête de la colonne venait d'apercevoir le barrage des cavaliers.

La foule s'agglutina autour de ceux qui étaient en tête et qui s'étaient arrêtés. Pierrou aperçut quelques silhouettes revêtues de la chemise blanche des demoiselles au milieu des hommes armés de fourches et de bâtons. Il ne reconnut parmi eux ni le Cadet, ni Picot, ni aucun homme du village, sauf Lespugne qui se tenait un peu à l'écart, les deux mains dans les poches de son pantalon! En curieux, eût-on dit!

A présent les demoiselles et les dragons se tenaient face à face, séparés par un espace de quelques pas.

– Qu'est-ce qu'on fait? chuchota Pierrou.

– Rien! On attend!

Soudain un bruit de pas pressés retentit sur le chemin qui descendait de la jasse. C'étaient les gardes. Ils étaient cinq. Pierrou reconnut leur chef, monsieur Astrié, qui marchait en tête.

Un cavalier vint à sa rencontre : c'était l'officier des dragons.

Ils échangèrent quelques mots.

– Je vais leur parler! dit, à la fin, le chef des gardes.

Il contourna la masse des chevaux et s'avança vers les assaillants.

Pierrou entendit qu'il appelait :

– Monsieur le maire!... Monsieur le maire!

Aussitôt une sonnerie de clairon retentit, très nette, au-dessus de la foule.

– A nous! dit Toune.

Les tresses de paille enflammées, ils n'eurent qu'à les approcher des draperies de lichen qui enveloppaient les arbres. En quelques secondes, la Prade de Papy fut illuminée par trois énormes torches qui projetaient des nuages d'étincelles.

Il y eut un mouvement de panique parmi les chevaux. La masse entière se projeta en avant. La foule recula mais poussa une immense clameur ponctuée de sonneries de clairon, de rugissements de trompe et de tintements de ferraille. Les cavaliers avaient beaucoup de mal à maîtriser les bêtes affolées qui se cabraient, butaient les unes contre les autres, esquissaient des mouvements de fuite au galop.

Pour mieux voir, Pierrou et Toune étaient carrément sortis du couvert des arbres et contemplaient le spectacle qui se déroulait à l'autre bout de la Prade. Derrière eux, les mélèzes brûlaient encore, mais ne furent bientôt plus que de grands squelettes d'arbres rougeoyants.

De la foule partaient toujours des cris et des moqueries à l'adresse des cavaliers qui avaient du mal à maîtriser leurs montures. A leur tour les soldats s'énervaient.

L'officier, furieux, fit avancer son cheval et cria vers les assaillants :

– Dispersez-vous! Dispersez-vous ou je fais charger!

La foule esquissa un mouvement de recul.

Dans l'espace laissé libre, Toune et Pierrou virent s'avancer un groupe de cinq ou six silhouettes qu'ils prirent pour des gens qui voulaient parlementer avec les gardes.

Mais soudain le cheval de l'officier se cabra, pivota sur lui-même et s'élança au galop, comme pris de panique. Presque aussitôt, la panique gagna les autres chevaux qui, à leur tour, se cabraient, hennissaient et reculaient sous les arbres comme pour chercher refuge.

A mesure que les « parlementaires » avançaient, la confusion augmentait.

Et soudain Pierrou reconnut, à son allure balancée, celui qui marchait en tête : Polyte, l'oussaillé. Les autres étaient son frère et son neveu, qui conduisaient chacun un ours par sa chaîne.

C'était la présence des ours qui épouvantait les chevaux.

Comme surpris par l'effet qu'ils produisaient, les oussaillés s'étaient arrêtés. Les cavaliers, scindés en deux groupes, laissaient entre eux un passage dans lequel les trois hommes et les ours s'engagèrent de leur pas tranquille.

Soudain monsieur Astrié, suivi des gardes, s'avança vers eux, leur barrant le chemin.

– Halte! Où allez-vous?

– A Massat! dit Polyte.

– A Massat, par ici?

– C'est le plus court!

– Quoi faire à Massat?

– Hé! c'est la foire, demain!

– Ah! la foire!

– Eh oui! On ne s'amuse pas, nous! Et Massat, ce n'est pas la porte à côté. On n'a pas de temps à perdre!

L'air de Polyte était si calme et si résolu que le chef des gardes ne trouva plus rien à dire et s'écarta.

Les trois oussaillés et leurs bêtes s'avancèrent sur le chemin.

Dès qu'ils eurent disparu dans la nuit, les cavaliers se regroupèrent sur la Prade.

On eût dit que cet épisode avait mis fin à l'affrontement. Les soldats et les gardes restaient maîtres du terrain. La foule s'éloignait. La plupart des torches s'étaient éteintes. On n'en voyait plus que deux ou trois qui rougeoyaient au loin, sur le chemin.

C'était fini.

Toune et Pierrou rejoignirent le village à travers bois. Pierrou était profondément déçu.

– A quoi ça nous a avancés, toute cette histoire?

Toune lui éclata de rire au nez!

Pierrou apprit la nouvelle le lendemain matin. Les troupeaux avaient disparu de la Grande Jasse. Pendant que les gardes et les dragons affrontaient les demoiselles, des voleurs s'étaient emparés des bêtes et les avaient emmenées à travers bois.

– Pffft! Plus rien!... Envolées! dit le grand-père, tout guilleret. Va donc demander à ta mère!

Au jour de la fenêtre, il lissait un manche de bêche avec son couteau à

lame courbe. Ses yeux malicieux observaient Pierrou par-dessus ses lunettes.
– Va voir un peu là-haut s'ils les ont retrouvées! fit-il en lançant un clin d'œil.

Marie de Lartigue pinça les lèvres.
– De bonnes idées que vous lui donnez! gronda-t-elle. Va! Et ramène ton père!... Pour ce qu'ils font, tous, là-haut!

Les propriétaires des bêtes étaient réunis devant la cabane, en grande discussion avec les gardes.

Dès qu'elle l'aperçut, Toune vint à la rencontre de Pierrou.
– Viens voir, Picot! dit-elle. Ça vaut la peine!

Face à monsieur Astrié, Picot se démenait furieusement, piétinant le sol de ses sabots, s'arrachant les cheveux, accusant les gardes d'être complices des voleurs.

De temps en temps, il interpellait les hommes qui, dispersés autour de la clairière, faisaient mine de chercher entre les buissons.
– Vous trouvez quelque chose?
– Oui! des traces!
– Ah! des traces, il n'en manque pas!

Mais ce n'est pas des traces qu'il nous faut!

Il se tournait vers les gardes.

– Qu'est-ce que vous allez faire, vous autres, pour retrouver nos bêtes?

– Tu y vas un peu fort, Picot! grommela le chef des gardes. Cesse de faire le guignol! Ça te changera!

Il fit un signe de la main et s'éloigna, suivi de ses hommes.

Tel fut le dénouement de l'un des épisodes de ce que les historiens devaient appeler, plus tard, la guerre des Demoiselles.

Ce jour-là était un dimanche. Un chaud soleil d'arrière-saison illuminait le village. Toune et Pierrou étaient assis sur la murette dominant la pente boisée qui dévale jusqu'au fond de la vallée.

Pierrou, qui pourtant avait été un des héros de l'aventure, n'avait pas encore bien compris ce qui s'était passé sous ses yeux. Il était vrai que, depuis son séjour chez moussu Loubat, les gens se méfiaient de lui. C'est par Toune qu'il fut mis au courant du stratagème employé par le Cadet.

Celui-ci n'avait jamais eu l'intention de livrer bataille aux gardes et aux dragons. Il avait simplement obtenu des fermiers de la vallée qu'ils accueillent les bêtes des gens de la montagne et les mêlent à leurs propres troupeaux. Face à ces complicités, comment les autorités pourraient-elles sévir sans provoquer de nouvelles révoltes? Ne pouvant punir, elles feraient preuve de mansuétude, et tout rentrerait dans l'ordre.

C'était ce que le Cadet avait pensé et il ne s'était pas trompé.

Les allées et venues insolites que Pierrou avait remarquées dans les bois voisins du planol étaient celles des propriétaires qui repéraient l'itinéraire qu'ils auraient à suivre, dans la nuit, à travers la forêt. Il suffisait qu'une attaque simulée des demoiselles éloignât les gardes de la Grande Jasse et retînt les dragons sur la Prade de Papy.

Un peu dépité, Pierrou songeait à tous les événements auxquels il avait participé depuis le jour où le Cadet l'avait

envoyé surveiller la route au pas de la Mule.

– Reconnais que je t'avais trouvé un fameux emplacement! dit Toune.

Pierrou ne voulut dire ni oui ni non. C'était bien pourtant à cet endroit que tout avait commencé.

Toune, qui l'observait, s'écria tout à coup :

– Oh!... Tes cheveux!... Ils ont repoussé aussi rouges qu'avant, tu sais!

Table des matières

l'Atelier du Père Castor présente

la collection Castor Poche

Vous grandissez...

Les images et les textes des albums de votre enfance ne vous suffisent plus.

Vous cherchez maintenant de « vrais » livres :

- des livres maniables et d'un prix modique ;
- des livres qui abordent des sujets importants pour vous ;
- des livres qui vous prennent au sérieux et qui « parlent » de votre vie, de vos responsabilités, de vos droits ;
- des livres où les illustrations prolongent le plaisir de la lecture ;
- des livres qui vous donnent envie de les feuilleter, de les lire, de les relire.

La collection Castor Poche vous propose :

- des textes écrits avec passion par des auteurs du monde entier,
  par des écrivains qui aiment la vie,
  qui défendent et respectent les différences ;
- des textes où la complicité et la connivence entre l'auteur et vous se nouent et se développent au fil des pages ;

- des récits qui vous concernent parce qu'ils mettent en scène des enfants et des adultes dans leurs rapports avec le monde qui les entoure;
- des histoires sincères où, comme dans la réalité, les moments dramatiques côtoient les moments de joie;
- une variété de ton et de style où l'humour, la gravité, la fantaisie, l'émotion, la poésie se passent le relais;
- des illustrations soignées, dessinées par des artistes d'aujourd'hui;
- des livres qui touchent les lecteurs à différents âges et aussi les adultes.

Un texte au dos de chaque couverture vous présente les héros, leur âge, les thèmes abordés dans le récit. Vous pourrez ainsi choisir votre livre selon vos interrogations et vos curiosités du moment.

Au début de chaque ouvrage, l'auteur, le traducteur, l'illustrateur sont présentés. Ils vous invitent à communiquer, à correspondre avec eux.

Si vous désirez en savoir davantage, l'équipe CASTOR POCHE répondra à vos lettres.

CASTOR POCHE
Atelier du Père Castor
7, rue Corneille
75006 PARIS

25 **rroû**

par Maurice Genevoix

Rroû, un chaton curieux, intrépide et fier, pousse chaque jour ses découvertes un peu plus loin : l'entrepôt où il est né, la cour, la rue, la maison d'en face, Clémence la voisine. Mais un matin, il rompt toutes les attaches et se sauve seul et libre, au seuil de l'hiver...

26 **le secret de jeremy**

par Patricia Hermes

A l'idée d'aller dans une école inconnue, Jeremy, dix ans, est prise de panique. C'est qu'elle a un lourd secret qu'elle ne peut partager avec ses amies, un secret que même ses grands-parents n'aiment pas évoquer. Maintenant tout le monde risque de le découvrir...

27 **en avant voyageurs !**

par Elizabeth Yates

En 1750, Guillaume, un jeune métis indien-français de seize ans, s'engage comme voyageur. Il part avec ses compagnons en canot de Montréal jusqu'aux confins du Nord-Ouest canadien pour rapporter des fourrures au péril de sa vie.

28 **une difficile amitié**

par Marilyn Sachs

L'amitié de Peter et de Veronica n'est pas très appréciée par leur entourage. Et le printemps de ses treize ans, va ressembler pour Peter à un combat sur tous les fronts : contre ses parents, contre les copains et même contre Veronica...

29 le mystère des grottes oubliées
par Hans Baumann

Lascaux, 1940 : quatre garçons découvrent une grotte aux parois couvertes de mystérieuses peintures. Ils guident dans « leur » grotte l'abbé Breuil, le spécialiste de la préhistoire, qui examine les bouquetins, les chevaux, les taureaux et s'écrie : « Votre grotte est la plus belle de toute la France et peut-être même du monde. » Et le savant commence son récit...

30 quitter son pays
par Marie-Christine Helgerson

Meng, ses petites sœurs et ses parents fuient la guerre qui ravage leur pays, le Laos. Après une longue marche dans la jungle inhospitalière, après une traversée dramatique du Mékong en crue, après la peur et la faim, la famille Xiong, épuisée arrive en Thaïlande. Existe-t-il une terre d'accueil où Meng et les siens retrouveront leur joie de vivre ?

31 mon bonheur s'appelle jonas
par Eliska Horelova

Dans une classe de 6e près de Prague, un psychologue demande aux enfants une rédaction sur le bonheur. Radka, onze ans, avoue que son bonheur serait complet si elle pouvait avoir cinq chiens et dix chats... Bonheur sans avenir, car ses parents ne le partagent pas du tout. Comment Radka arrivera-t-elle à les faire changer d'avis ?

32 le conteur de marrakech
par Tony Barton

Sur la grande place de Marrakech, est assis le conteur. Pour quelques piécettes, il raconte des histoires où se mêlent la magie et le merveilleux, la sagesse et l'humour. Elles sont peuplées de djinns et de goules et imprégnées de la saveur d'un peuple voué aux échanges.

33 **l'harmonium**

par Glendon Swarthout

James, treize ans, s'apprête à passer un Noël un peu triste, loin de chez lui, dans la ferme de ses grands-parents qu'il connaît encore mal. Pourtant, cette nuit de Noël sera celle des enchantements. Un agneau va naître au cœur de l'hiver. N'est-ce pas le signe que tout est possible? Grand-père et petit-fils en sont persuadés...

34 **demain je repartirai**

par Ewa Letki

Pierre marche avec difficultés en s'aidant d'une canne. C'est dur, de voir ses camarades courir, faire du vélo, jouer au ballon et de ne pas pouvoir les rejoindre! Pierre se réfugie dans le rêve... jusqu'au jour où il se lie d'amitié avec un plus grand qui l'aide à aller vers les autres.

35 **une enfance en sibérie**

par Victor Astafiev

La vie est si dure que les rapports se détériorent entre Ilia, onze ans et sa belle-mère. Après une scène violente, Ilia quitte la maison. Il est accueilli par des flotteurs de bois avec lesquels il descend le fleuve pour rejoindre le village de ses grands-parents. Auprès d'eux, Ilia se sent à la fois aimé, protégé et responsable...

36 **jambes-rouges, l'apprenti pirate**

par Hans Baumann

Jambes-Rouges est orphelin. A treize ans, il gagne sa vie en travaillant chez un meunier. Maltraité, il quitte son patron pour devenir marin. Mais le voici embarqué, contre son gré, sur un bateau de pirates... « Pirate un jour, pirate pour toujours! » dit le capitaine Barbe-Rousse. C'est compter sans la débrouillardise de Jambes-Rouges.

37 **les arpents sur le sentier de la guerre**
par Alan Wildsmith.
Tout le monde n'est pas d'accord sur le tracé de la nouvelle autoroute. John, qui suit la discussion des adultes avec le point de vue de ses douze ans, trouve qu'il est trop peu question de ses amis les Indiens et de leurs érables à sucre.

38 **ouvert tous les jours**
par Joan Lingard
Papa Francetti se retrouve à l'hôpital la jambe dans le plâtre. Maman est à l'étranger. Qui va tenir le petit restaurant qu'il n'est pas question de fermer, pour cause de concurrence aiguë? Paula et Toni tâcheront de l'ouvrir tous les soirs, avec l'aide parfois funeste du grand-père. Mais les affaires ne marchent pas fort, et Rosita, la petite sœur, a ses propres idées sur la question...

39 **fables d'afrique**
par Jan Knappert
Savez-vous qu'aux premiers temps du monde, tous les animaux étaient des animaux domestiques? Savez-vous comment certains quittèrent l'homme, et devinrent des animaux sauvages? Savez-vous comment fut créé le chameau? Et de quoi discutent l'araignée et le mille-pattes quand ils se font des confidences?

40 **la flûte tsigane**
par Bertrand Solet
La vie quotidienne de Yoska et des siens ne ressemble pas tout à fait à la nôtre. Ils aiment s'en aller sur les routes de France, loin de la ville. «Nous ne sommes pas des nomades, dit sa sœur Paprika d'un air fier, mais des Tsiganes de la tribu des Roms.» Le monde bouge et change, il y a de fascinantes machines, et l'école... Il faudrait à la fois rester tsigane et vivre comme les autres. Est-ce possible? Et les autres surtout, accepteront-ils Yoska?

41 **charlie l'impossible**

par Barbara Morgenroth

Le rêve de Jackie c'est de posséder un cheval bien à elle. Depuis deux ans, elle n'a monté que le vieux Moose et les difficultés sont nombreuses. Le hasard, aidé par son père, offre à Jackie, Charlie, un magnifique alezan. « Avec lui, tout va devenir simple », pense Jackie. Mais elle va vite découvrir que Charlie a du caractère, beaucoup de caractère...

42 **l'injure au soleil**

par Joyce Rockwood

Colombe-de-pluie, la jeune Indienne Cherokee, a neuf ans lorsqu'apparaît le tout premier des quatre présages annonçant des événements sinistres. Colombe-de-pluie grandit et la vie s'écoule avec ses joies et ses rudesses. Mais l'anxiété croît, les interrogations se multiplient...

44 **les chemins secrets de la liberté**

par Barbara Smucker

Julilly et Lisa s'enfuient d'une plantation du Mississippi où elles sont esclaves. Elles tentent de gagner le Canada, pays où l'esclavage est interdit. Aidées dans leur fuite par un réseau clandestin, arriveront-elles à atteindre le pays de la liberté ?

46 **contes du panchatantra**

par Leonard Clark

Onze contes de la tradition en Inde, mettant en scène des animaux et des hommes. Un univers de merveilleux et de symboles, fertile en rebondissements, en imprévus et en astuces.

47 **stickeen, un chien de rien du tout**

par John Muir

Une histoire vraie. Durant l'été 1880, un petit chien énigmatique emboîte le pas d'un explorateur au matin d'une expédition sur la côte de l'Alaska. La joie, l'étonnement, la grande faim de vivre sont au rendez-vous de cette aventure inoubliable.

48 **le rouquin de lartigue**

par Michel-Aimé Baudouy

Vers 1830, Pierrou, un jeune berger de douze ans se trouve mêlé aux événements qui opposent les habitants de la montagne ariégeoise à l'Administration des Forêts. Comment Pierrou et les siens arriveront-ils à récupérer leurs troupeaux bloqués par les gendarmes et les soldats?

49 **la révolte de 10 X**

par Joan Davenport Carris

Taylor a treize ans lorsque son père, avec lequel elle s'entend particulièrement bien, meurt d'une crise cardiaque. Au moyen de 10 X, le petit ordinateur programmé par le père et sa fille, Taylor va semer l'anarchie dans la nouvelle maison détestée. Comment arrivera-t-elle à vaincre son chagrin mué en révolte?

50 **tikta'liktak**

par James Houston

Tikta'Liktak, un jeune chasseur esquimau se trouve bloqué dans une île rocheuse et désertique. Le voilà condamné à mourir de faim. Mais Tikta'Liktak ne se résigne pas. Il lutte contre les éléments et les bêtes et trouve enfin le moyen de regagner la terre ferme.

Cet
ouvrage,
le quarante-huitième
de la collection
CASTOR POCHE,
a été achevé d'imprimer
sur les presses de l'imprimerie
Brodard et Taupin
à La Flèche
le 25 août
1982

Dépôt légal : septembre 1982
N° d'édition : 11391 Imprimé en France
ISBN : 2-08-161757-9